Zweijährige im Kindergarten

Konzeptionelle und betriebliche Aspekte für Teams und Träger

2. unveränderte Auflage 2009

Herausgegeben und entwickelt von

Angelika Kercher, Dipl.-Soz. Päd., Dozentin an der Fachschule für Organisation und Führung und an der Fachschule für Sozialpädagogik in Tübingen, seit vielen Jahren zusätzlich in der wissenschaftlichen Begleitung von Kindertageseinrichtungen und in der Fortbildung von Erzieherinnen tätig und

Kariane Höhn, Dipl.-Päd. (FH), Abteilungsleiterin, Abteilung Tagesbetreuung für Kinder, Sozialamt der Stadt Reutlingen, nebenberuflich in der Fortbildung und Organisationsentwicklung für Träger und Teams von Tageseinrichtungen und in der Tagespflege tätig.

Mit Beiträgen von

Dr. phil. Karin Grossmann, Dipl.-Psych., Universität Regensburg, **Kornelia Schneider**, Dipl.-Päd., Deutsches Jugendinstitut, München

Bibliografische Informationen der Deutschen Bibliothek

Die Deutsche Bibliothek verzeichnet diese Publikation in der Deutschen Nationalbibliografie; detaillierte bibliografische Daten sind im Internet über http://dnb.ddb.de abrufbar.

Art.-Nr. **69315000** (ISBN 978-3-556-02009-8)

Verlagsanschrift:
Wolters Kluwer Deutschland GmbH
Verlagsgruppe Öffentliche Organisationen
Adolf-Kolping-Str. 10, 96317 Kronach
Postfach 15 52, 96305 Kronach

Telefon: 02631 801-2222
Fax: 02631 801-2223
E-Mail: info@wolterskluwer.de

http://www.wolterskluwer.de
http://www.carllink.de

© Wolters Kluwer Deutschland GmbH

Printed in Germany – Imprimé en Allemagne, August 2009

Inhaltsübersicht

Inhaltsübersicht

Inhaltsübersicht

Vorwort

Sehr geehrte Leserinnen, sehr geehrte Leser,
die Kleinkindpädagogik steht im Mittelpunkt
gesellschaftlicher, politischer und fachlicher
Diskussionen!

Für viele sozialpädagogischen Fachkräfte,
Teams und Träger ist der Einstieg in die Kleinkindpädagogik ein neuer Schritt, ein Schritt in
noch unbekanntes Terrain.

Die Aufnahme 2-Jähriger in den in vielen
Bundesländern klassischen Kindergarten für
Kinder von 3 bis 6;5 Jahren stellt dabei ein Mo-
dell neben vielen dar.

„Zweijährige im Kindergarten" bietet Ihnen
eine erste Orientierung, was es bei dieser Ange-
botsänderung zu beachten gilt.

Was ist konzeptionell und organisatorisch zu
beachten?

Wie können wir uns als Team fachlich vorbe-
reiten?

Wie gewährleisten wir das Wohl aller Kinder?

Was kann der Träger unterstützend beitra-
gen?

Auf diese und viele andere Aspekte wurden
im Rahmen des Modellprojektes „Integration
zweijähriger Kinder in den Kindergarten" im Auftrag des Kommunalver-
bandes Jugend und Soziales (KVJS) in Kooperation mit dem Jugendamt
der Landeshauptstadt Stuttgart Antworten erarbeitet.

In „Zweijährige im Kindergarten" finden Sie die wesentlichen Inhalte
und einen exemplarischen Einblick in Instrumente, die die Aufnahme
2-Jähriger unterstützen und die Qualitätsentwicklung Ihrer Tageseinrichtung fördern.

„Zweijährige im Kindergarten" versteht sich als Kurzfassung der ebenso
bei Wolters Kluwer erschienenen Arbeitshilfe für Teams „KiGa 2 Plus".

Instrumente und Hilfestellungen wurden von Praktikerinnen in den Modellstandorten erprobt und teilweise mitentwickelt. Praktikerinnen, die seit 2002 die Umsetzung dieser Angebotsform gestalten, geben ihre Erfahrungen für die regelmäßige Weiterentwicklung mit ein – Antworten und Hilfestellungen von der Praxis für die Praxis!

„Ein Schiff, das im Hafen liegt, ist sicher.
Aber dafür werden Schiffe nicht gebaut."

Wir wünschen Ihnen sicheren Kurs durch die verschiedenen Gewässer hin zum Kindergarten 2 Plus.

Angelika Kercher

Kariane Höhn

Vorwort

Die Kleinkindpädagogik auch in Baden-Württemberg weiterzuentwickeln ist eine Herausforderung für Fachkräfte und Träger. Mit der Einigung von Bund und Bundesländern zum Ausbau der Kleinkindbetreuung ab 2008 wird sich die Betreuungslandschaft auch im Kinderland Baden-Württemberg umfassend verändern. Ein Prozess, den wir alle gemeinsam zum Wohl der Kinder gestalten wollen.

Die vorliegende Kurzfassung der Ergebnisse und Instrumente aus dem Modellprojekt „Integration zweijähriger Kinder in den Kindergarten" bietet Ihnen – so unsere Erfahrungen aus der täglichen Beratungsarbeit des KVJS, Landesjugendamt – einen guten Einstieg.

Ihnen wünsche ich eine gute Orientierung im neuen Terrain!

Rudolf Vogt, Leiter des Referats Tagesbetreuung, Erziehung in der Familie beim Kommunalverband für Jugend und Soziales Baden-Württemberg, Dezernat Jugend, Landesjugendamt Stuttgart.

Lesehilfe

Diese Kurzfassung versteht sich als Orientierung in einem für viele Fachkräfte und Träger neuen Arbeitsfeld!

Das Kapitel 1

Was gilt es, bei der Öffnung des Kindergartens ab zwei Jahren zu beachten?

Zu dieser Frage erhalten Sie im ersten Kapitel eine komprimierte Zusammenfassung der grundlegenden konzeptionellen und betrieblichen Aspekte.

Die Lektüre dieses Kapitels empfehlen wir allen „Einsteigenden" – Ihnen als Fachkräften, den Teams und Trägern.

Die vorangestellte Zusammenfassung kann z. B. auch als Einstieg in einen Elternabend verwandt werden.

Die Kapitel 2–5

Wir empfehlen Ihnen zu den folgenden vier Themen eine intensivere Auseinandersetzung.

In den entsprechenden Kapiteln finden Sie komprimiert Informationen und Anregungen für eigene Bearbeitungsschritte zu den Themen:
- **Einrichtungs-Check**
- **Eingewöhnung**
- **Raum**
- **Gruppe**

Das Kapitel 6

Zu den ebenso wichtigen Themen Entwicklungspsychologie und Bildung empfehlen wir andere Veröffentlichungen in Kapitel 7.

Hier finden Sie eine Kurzfassung zu einem Aspekt – „Ohne Bindung keine Bildung."

Das Kapitel 7

Die fachliche, konzeptionelle und betriebliche Auseinandersetzung mit Kleinkindpädagogik in altersgemischten Betriebsformen kennt „keine Grenzen".

Wir haben Ihnen Literatur, Medien und Kontakte zusammengestellt, mit denen Sie sich weiterführende Informationen erschließen und eine **Infothek** in der Tageseinrichtung aufbauen können.

Lesehilfe

Besonders liegt uns daran, Ihnen folgende Erfahrungen aus dem Projekt auf Ihren Weg der Umsetzung mitzugeben:

Immer wieder, auch nach Abschluss des Projekts wurde von den beteiligten Fachkräften betont, wie wichtig Freiwilligkeit, eigene Bereitschaft zur Veränderung und Konsens im Team für das gute Gelingen der Integration 2-Jähriger seien. Das kann nicht heißen, dass ein Träger darauf warten muss, bis ein ganzes Team von sich aus die Aufnahme 2-Jähriger anstrebt. Aber: Soll diese zu einer guten Weiterentwicklung werden, ist eine **gute fachliche Vorbereitung und Begleitung** in Form von Teamfortbildung und begleitender Beratung unbedingte Voraussetzung, damit Fragen und Bedenken geklärt werden können. Von einem motivierten und qualifizierten Team profitieren vor allem die 2-Jährigen als verletzlichste Partner, aber auch alle anderen Kinder, die Eltern und der Träger.

Ein weiterer wichtiger Aspekt ist die Herstellung und Gewährleistung notwendiger Rahmenbedingungen durch den Träger.

Das gebietet das Wohl der Kinder. Denn, so Erziehungswissenschaftler Prof. W. Tietze: „Unzureichende Qualität fällt nicht in den geschützten Rahmen der pädagogischen Freiheit."

Die vorliegende Kurzfassung „Zweijährige im Kindergarten" ist **ein Baustein** zum Gelingen. Sie ist entstanden aus der Arbeitshilfe KiGa 2 Plus und dem Projektbericht.

Zusätzlich und vertiefend zu dieser Broschüre bieten wir Ihnen im Loseblatt-Ordner „Integration Zweijähriger in Kindergärten – KiGa 2 Plus Arbeitshilfe für Leitung und Teams" einen umfassenden Einstieg in das Thema. Dieses Werk enthält außerdem eine CD-ROM mit einer Vielzahl von Instrumenten und den Projektbericht.

Die in der vorliegenden Broschüre abgedruckten Arbeitshilfen, Fotos und Mindmaps finden Sie auch auf der CD-ROM; die Arbeitshilfen und Vorlagen können Sie dort direkt ausfüllen und speichern, die Mindmaps sind als Folien einer Power-Point-Präsentation bereits animiert und die Fotos z. B. zu Partizipation durch Möbel, Wahrnehmung, Wickelplatz und andere sind Bestandteil einer bereits ausgearbeiteten Power-Präsentation zum Thema „Zweijährige in Kindergärten". Da die Präsentation auf der CD-ROM bereits die dazugehörigen Notizen für einen Vortrag enthält, können Sie diese für einen Elternabend oder eine andere Veranstaltung direkt verwenden.

In den verschiedenen Kapiteln unserer Broschüre erhalten Sie jeweils Hinweise auf Inhalte und Instrumente in den oben genannten Quellen.

Teil 1 2-Jährige im Kindergarten – Konzeptionelle und betriebliche Aspekte für Teams und Träger im Überblick

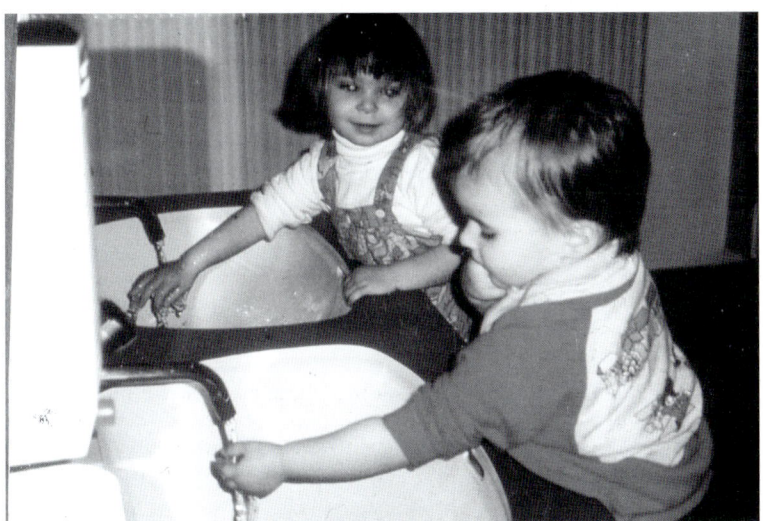

Teil 1

1.1 Konzeptionelle und betriebliche Aspekte – Zusammenfassung

Vorbemerkung

Mit dem Tagesbetreuungsausbaugesetz entstand eine neue rechtliche Ausgangslage, institutionelle Betreuungsangebote für Kinder unter drei Jahren bedarfsgerecht zu schaffen (vgl. § 24 TAG).

Mit den auf dem sog. Krippengipfel im April 2007 aufbauenden Beschlüssen der Bund-Länder-Kommission vom 28.8.2007, bis zum Jahr 2013 für 35 % der unter 1- bis 3-jährigen Kinder ein Betreuungsangebot umzusetzen und ab 2013 für alle Kinder zwischen 1 und 3 Jahren einen Rechtsanspruch auf einen Kleinkindplatz einzuführen, ist für Kommunen, Träger und Fachkräfte eine neue Grundlage für die Auseinandersetzung mit der Kleinkindbetreuung entstanden.

Eine Möglichkeit der Umsetzung der o. a. Vorgaben ist es, den klassischen Kindergarten für Kinder von 3 bis 6;5 Jahren nach unten zu öffnen und 2-jährige Kinder zu integrieren.

Bereits von 1999 bis 2001 hat der damalige Landeswohlfahrtsverband Württemberg-Hohenzollern in Kooperation mit dem Jugendamt der Landeshauptstadt Stuttgart ein Modellprojekt „Integration zweijähriger Kinder in den Kindergarten"[1] durchgeführt.

In den folgenden Jahren wurden die Ergebnisse des Projektes in der Praxis erprobt und weiterentwickelt und in einer Arbeitshilfe für Teams „KiGa 2 Plus"[2] veröffentlicht.

Nachfolgend erhalten Sie eine Zusammenfassung der entscheidenden konzeptionellen und betrieblichen Aspekte, die es bei der Öffnung der Akteursgruppe nach unten und damit der Umsetzung eines Angebots in der Altersmischung 2 bis 6;5 Jahre zu berücksichtigen gilt.

1. Das Modellprojekt wurde vom Kommunalverband Jugend u. Soziales Baden-Württemberg und dem Jugendamt der Stadt Stuttgart zwischen 1999 und 2001 in 6 Kindergärten durchgeführt. Vgl. Projektbericht.
2. KiGa 2 Plus Arbeitshilfe für Teams, Praxishandbuch Wolters Kluwer Deutschland 2006.

Das Modellprojekt „Integration zweijähriger Kinder in den Kindergarten" untersuchte „Rahmenbedingungen organisatorischer und konzeptioneller Art, um das Wohl der Kinder zu gewährleisten".

Ergebnisse:

Das Wohl von 2-Jährigen erscheint gesichert,

– wenn sie mithilfe ihrer Eltern langsam eingewöhnt werden und eine Bindung zu einer neuen Bezugsperson aufbauen können,
– wenn die Verfügbarkeit einer bekannten Bezugsperson im Kindergartenalltag jederzeit gewährleistet ist,
– wenn Gruppengröße und Kinderdichte die Orientierungsfähigkeit der Kinder nicht überfordern,
– wenn die Räume (bzw. die Raumgestaltung) ihnen sowohl Kontakt zu einer Bezugsperson erleichtern als auch ihre Wahrnehmung strukturieren und Bewegungsraum bieten,
– wenn ihnen verlässliche Kontakte mit gleichrangigen Kindern garantiert werden,
– wenn ihnen Bezugspersonen zur Verfügung stehen, die vorbereitet sind, die Zuwendungs- und Entwicklungsbedürfnisse von 2-Jährigen zu verstehen und die bereit sind, Bindung und Bildung durch körperliche und innere Präsenz dem Entwicklungsstand angemessen zu ermöglichen,
– wenn das Tageseinrichtungsteam die Gruppenerziehung von 2-Jährigen akzeptiert und unterstützt.

Daraus resultieren folgende **notwendige Rahmenbedingungen**:

Individuelle Eingewöhnung: Eine zweiwöchige Eingewöhnung mithilfe der Eltern nach dem INFANS-Modell stellt einen absolut unverzichtbaren Mindeststandard für das Wohl 2-jähriger Kinder dar. Der Kindergarten muss Eltern und Kind für die individuelle Eingewöhnungszeit eine Bezugsperson anbieten, die für das Kind zur neuen Bindungsperson werden kann.

Klar erkennbare räumliche und zeitliche Strukturen: Um den 2-Jährigen ihrem Entwicklungsstand entsprechende selbstbestimmte Tätigkeit bei gleichzeitiger Nähe zur Bezugsperson zu ermöglichen, sollten Räume sinnlich erfahrbare Gliederung bei gleichzeitiger Überblickbarkeit für kleine Kinder bekommen. Auch tägliche zeitliche Strukturen, die durch Wiederholung (Rituale) und Bezug auf Abläufe primärer Bedürfnisbefriedigung (Essen, Bewegung, Wickeln) dem Kind Sicherheit geben, geben ihm (inneren) Raum und Motivation zur Erforschung und Gestaltung seiner Umwelt. Beide Aspekte sind zu gewährleisten.

Berücksichtigung der Spiel-, sozialen und Bildungsbedürfnisse von fünf Kinderjahrgängen im pädagogischen Programm: 2-Jährige benötigen andere Formen der Anregung und des pädagogischen Angebots als ältere Kinder. Neben der Bewegung als Erfahrungsmedium brauchen sie im Kindergarten vor allem die (innere) Präsenz der Erzieherin sowie Beobachtung/Nachahmung und selbstbestimmtes Forschen. Sie brauchen neben der anregenden Begegnung mit älteren Kindern auch die spiegelnde Funktion der Begegnung mit Gleichrangigen, die organisatorisch gesichert werden soll. Flexible Handhabung von Regeln erleichtert den 2-Jährigen das Hineinfinden in ein soziales Gruppenleben.

Angemessene Einrichtungsgröße und ausgewogene Gruppenstruktur: Damit ältere Kinder ausreichende Chancen für altersangemessene Spiel- und Lernangebote erhalten, sollten 2-Jährige nicht in eingruppigen Tageseinrichtungen aufgenommen werden. In mehrgruppigen Kindergärten sollten die Möglichkeiten gruppenübergreifenden Arbeitens genutzt werden, um allen Altersstufen gerecht zu werden (Peererfahrungen). Soweit möglich ist bei der Aufnahmepraxis vorausschauend auf eine ausgewogene Altersstruktur zu achten, um „Berge" und „Täler" in der Altersstruktur von Gruppen oder Tageseinrichtungen zu vermeiden, weil sonst durch Ungleichverteilung immer wieder Schwierigkeiten der entwicklungsentsprechenden Förderung von Altersstufen entstehen.

Angemessene Gruppenstärke: Die Zahl der Kinder in einer Gruppe muss so bemessen sein, dass auf die besonderen Bedürfnisse jedes Kindes eingegangen werden kann. Die Gruppen sollen höchstens 18 Kinder, davon vier 2-Jährige umfassen.

Bedarfsgerechte Personalausstattung: Aufgrund der höheren zeitlichen, organisatorischen und Kooperationsanforderungen ist in einem Kindergarten, der 2-Jährige integriert, eine Personalausstattung mit zwei (Vollzeit beschäftigten) Fachkräften pro Gruppe vorzusehen.

Fortbildung und Unterstützungssystem: Alle Fachkräfte eines Kindergartens mit 2- bis 6-Jährigen benötigen zur Vorbereitung gründliche Fortbildung über Eingewöhnung und Entwicklungsbedürfnisse von 2-Jährigen. Weitere kontinuierliche Fortbildung und ein vom Träger angebotenes oder zugänglich gemachtes Unterstützungssystem sind sicherzustellen. Träger sollten Formen regelmäßigen kollegialen Austauschs zwischen Tageseinrichtungen fördern und organisatorisch sicherstellen. Da die Arbeit mit 2-Jährigen vermehrt Teamkoordination, Arbeitsteilung und Weiterentwicklung der Praxis erfordert, sollen Träger ein ausreichendes Zeitkontingent und Beratung für Konzeptionsentwicklung anbieten.

Gewinnung und Herstellung pädagogischer Qualität und Teamqualität, die die Erziehung von 2-Jährigen unterstützt: Durch gezielte Personalauswahl und -qualifizierung haben Träger darauf hinzuwirken, dass eine erzieherische Haltung entstehen kann, die eine grundsätzliche Akzeptanz der Gruppenbetreuung von 2-Jährigen umfasst. Bereitschaft zu körperbezogener und unmittelbarer emotionaler Arbeit und flexiblerer Regelanwendung sowie die Fähigkeit zur Einfühlung in vorsprachliche Ausdrucksformen stellen grundlegende Voraussetzungen dafür dar.

Aus den Erfahrungen dieses Projektes lässt sich demnach weiterhin ableiten:

↪ Die Aufnahme von 2-Jährigen in einer Tageseinrichtung/Kindergarten[Fn.1] als Mittel zum Auffüllen vorübergehender Unterbelegung ist abzulehnen.

↪ 2-Jährige dürfen kein Appendix in einem unverändert auf drei- bis sechsjährige Kinder abgestimmten Konzept sein.

↪ Die Aufnahme von 2-Jährigen schafft in Kindergärten eine Altersmischung von fünf Jahrgängen, die konzeptionell durchdacht und geplant werden muss, um die Entwicklungsbedürfnisse aller dort betreuten Kinder zu berücksichtigen.

Kurz und plakativ gesagt, zeigte sich im Projekt: **Die Aufnahme von 2-Jährigen bedeutet**

nicht: **3–6 plus ein bisschen 2,**

sondern: **für 2–6 denken und planen!**

Insofern stellt die Aufnahme von 2-Jährigen in einer bisher ausschließlich für 3- bis 6;5-Jährigen konzipierten Tageseinrichtung eine neue **Angebotsform** dar, den **„Kindergarten 2–6"**, der eigene Rahmenbedingungen erfordert. Weder lassen sich Empfehlungen für die Krippenarbeit (0–3 Jahre) noch Empfehlungen aus Ganztageseinrichtungen mit großer Altersmischung (1–6 Jahre bzw. 1–10 Jahre) einfach hierhin übertragen, doch umfasst er Elemente von beiden.

Die Ergebnisse des Modellprojektes decken sich inhaltlich mit den Ergebnissen, die Riemann und Wüstenberg 2004 in „Die Kindergartengruppe für Kinder ab 1 Jahr öffnen?"[Fn.2] veröffentlicht haben und die Bertelsmann Stiftung in ihrer Broschüre „Qualität für Kinder unter DREI in Kitas – Empfehlungen an Politik, Träger und Tageseinrichtungen"[Fn.3] zusammengefasst hat.

---

1. Unter Kindergarten wird das 6-stündige Betreuungsangebot für 3- bis 6;5-jährige Kinder verstanden. Die Betreuungszeit kann zusammenhängend oder geteilt (4 Stunden am Vormittag; 2 Stunden am Nachmittag) erfolgen.

2. Vgl. Riemann, Wüstenberg, eine empirische Studie, Fachhochschulverlag Frankfurt 2004.

3. Siehe auch *www.bertelsmann-stiftung.de*

1.2 Differenzierte Hintergrundinformationen zu den Ergebnissen, die den konzeptionellen und betrieblichen Rahmenbedingungen zugrunde liegen

1.2.1 Personalausstattung in Korrelation zur Gruppengröße

Grundlagen und Konsequenzen für den Erzieher(innen)-Kind-Schlüssel (Personalausstattung)

Während die Gruppengröße die Ausmaße oder den Umfang der sozialen Umwelt des Kindes im Kindergarten (zumindest im traditionellen) markiert, beschreibt der Erzieherin-Kind-Schlüssel die real mögliche Interaktions- und Kommunikationsdichte, auf die ein Kind dort Chancen hat. Beides gehört eng zusammen. Hiervon nicht zu trennen ist auch die Qualifikation des Personals.

Wir halten **zwei Fachkräfte**[Fn.1] **(vollzeitbeschäftigt)** in einer Gruppe von 18 Kindern, vier 2-Jährige eingeschlossen, für den gebotenen Mindeststandard zur Sicherung der kindlichen Grundbedürfnisse.

„Wenn wir von den Grundbedürfnissen der Kinder ausgehen, ist **der entscheidende Faktor** die **Verfügbarkeit der Bezugsperson.** Wenn sich Kinder wohl und geborgen fühlen sollen, dann wird die Anzahl Kinder, die eine Erzieherin betreuen kann, durch ihre Verfügbarkeit begrenzt. (…) Die individuellen Ansprüche, welche die Kinder an sie stellen, sind dabei sehr verschieden. (…) Sind die Kinder jünger als vier Jahre, kann eine Erzieherin, je nach ihren Fähigkeiten und Erfahrungen bis zu fünf Kinder einige Stunden lang betreuen. (…) Nach dem vierten Lebensjahr verringern sich die Ansprüche (…), weil sie immer fähiger werden, sich gegenseitig Geborgenheit zu geben." (Largo 2000, S. 162 ff.)

Die **internationale Forschung** trifft zum Erzieherin-Kind-Schlüssel Aussagen, die bei unserem Ergebnis (18 Kinder, davon vier 2-Jährige) berücksichtigt wurden: Lamb und Weßels verweisen auf das „Panel on Child Care Policy of the National Research Council (1991), das einen Betreuer-Kind-Schlüssel 4–6 : 1 für 2-Jährige empfiehlt (in: Keller 1997, S. 708).

Eine Studie von Howes, Phillips, Whitebook (1992) zeigt Zusammenhänge zwischen Erzieher-Kind-Schlüssel, Gruppengröße, Betreuungsverhalten, Bindungssicherheit einerseits, sozialer Orientierung und sozialer Kompetenz andererseits auf. Deshalb wird gefordert, für das Alter

---

1. In der Elementarpädagogik ausgebildete Fachkräfte wie Erzieherinnen, Kinderpflegerin, Sozialpädagogin u. a.

24–36 Monate nicht mehr als vier Kinder pro Erzieherin zu planen (nach Laewen 1996). „Der Erzieher-Kind-Schlüssel beeinflusst das Betreuungsverhalten der Erzieherin (je mehr Kinder, umso mehr lässt es zu wünschen übrig) ... Aus diesen Resultaten kann geschlossen werden, dass die Erzieherin umso leichter eine gute Erzieherin sein kann, je günstiger der Schlüssel ist ...". „Es zeigte sich jedoch auch, dass **schon scheinbar geringfügige Unterschiede** in der Zahl der von einer Erzieherin zu betreuenden Kindern **zu messbaren Negativeffekten führen können**: Die Autorinnen heben hervor, dass (im Kindergarten) bereits ein Personalschlüssel von 1 : 9 gegenüber einem 1 : 8 mit einer geringeren Qualität des Erzieherinnenverhaltens verbunden war. Spätestens mit diesem Befund sollte klar sein, dass jede Verschlechterung des in der Bundesrepublik ohnehin kritischen Personalschlüssels in Kindertagesstätten die Gefahrenmarke für Risikoentwicklungen noch weiter in den bereits jetzt knallroten Alarmbereich hineintreiben würde." (Laewen 1996) Fthenakis verweist in verschiedenen Veröffentlichungen ebenfalls **auf hinreichende Forschungsevidenz hinsichtlich besserer Entwicklung von Kindern bei höherem Erzieherin-Kind-Schlüssel**.

Das Netzwerk Kinderbetreuung der Europäischen Kommission stellt in den „Ziele(n) bezüglich des Personalschlüssels" fest: „Das Ziel aller personellen Auflagen ist es, eine **Umgebung zu schaffen, die die Beziehungen qualitativ verbessert**." – „Für das Personal bedeutet das Fehlen angemessen vieler Kräfte in der Regel, dass ihre Anstrengungen untergraben werden und sich die Qualität ihres Angebots verringert."

Bei der oben vorgeschlagenen Personalausstattung für eine Gruppe von 18 Kindern könnte man rechnerisch die Expertenforderungen wiederfinden:

Eine Fachkraft für vier 2-Jährige; die weitere Fachkraft für 14 Kinder von drei bis sechs Jahren.

Aufgrund der größeren konzeptionellen Vielfältigkeit sollte u. E. im Kindergarten von zwei bis sechs rechnerisch 1 : 4 für die 2-Jährigen geplant werden, d. h. zwei volle Fachkräfte für 18 Kinder.

So ist auch den spezifischen Entwicklungsbedürfnissen älterer Kinder mit ihrer größeren Mobilität und ihren spezifischen Bildungsbedürfnissen Rechnung getragen.

Am Erzieherin-Kind-Schlüssel sparen birgt die Gefahr von Überforderungen der Fachkräfte, die sich z. B. in Krankheitsausfällen und Fluktuation zeigt. Die Kinder würden damit die **notwendige Kontinuität und Kohärenz** in ihrer Betreuung einbüßen, die der Zehnte Kinder- und Jugendbericht (neben Zeit, Raum und Anerkennung) als zwei von fünf wesentlichen Voraussetzungen für gute Beziehungen nennt (S. 38 ff.).

1.2.2 Verfügungszeit

Im Projekt hat sich immer wieder der gegenüber dem Kindergarten von drei bis sechs **erhöhte Aufwand an Verfügungszeit** erwiesen. Es macht nach Einschätzung der Erzieherinnen eine halbe Stunde pro Tag (2,5 Stunden je Woche) speziell für die 2-Jährigen aus.

In den Projekteinrichtungen sind 7,5 Stunden Verfügungszeit (21 %) je Fachkraft je Woche eingeplant gewesen (vgl. Personalausstattung der Stadt Stuttgart 1999). Der geschätzte Mehraufwand resultiert aus:
– Den erhöhten Anforderungen für bis zu 5 Jahrgänge zu planen.
– Kinder in sehr unterschiedlichen Entwicklungsständen zu begleiten.
– Einem erhöhten Umfang an Elternarbeit z. B. durch die intensivere Eingewöhnung und das Mehr an täglichem Austausch zwischen Eltern und Fachkräften aufgrund der noch nicht so umfassend entwickelten verbalen Kompetenz der Kinder.

Ein **Verfügungszeitschlüssel von 25 %** für alle Fachkräfte unabhängig von ihrer Position in der Gruppe und ihrem Tätigkeitsumfang sichern die notwendige pädagogische Qualität.

1.2.3 Persönliche und fachliche Haltung der Fachkräfte

Die Grundeinstellung der Erzieherin/Fachkraft zur Betreuung des Kindes prägt das Verhältnis zu Kind und Eltern. Zur außerhäuslichen institutionellen Betreuung von Kleinkindern besteht in (West-)Deutschland gesellschaftlich immer noch eine sehr unterschiedliche Einschätzung zwischen Ablehnung und Befürwortung. Eine positive Haltung der Erzieherin/Fachkraft wird eine die Entwicklung des Kleinkindes stützende und fördernde Auswirkung haben; eine ablehnende Haltung der Betreuung 2-Jähriger im Kindergarten kann demnach unter dem Gesichtspunkt des Kindeswohls kritische Auswirkungen haben.

Wir empfehlen Trägern, dies bei der Auswahl von Tageseinrichtungen, die sich konzeptionell nach unten öffnen sollen oder bei der Auswahl/Einstellung von Fachkräften/Erzieherinnen zu beachten.

Für kleine Kinder ist die Konstanz von Beziehungen besonders wichtig, eine hohe Mitarbeiterinnenfluktuation dem Wohlbefinden und der Entwicklung der Kinder jedoch sehr abträglich.

Die Fluktuation kann auch die Akzeptanz und daraus folgend die Nachfrage des Angebots vonseiten der Familien mindern.

Zusätzlich geht mit jeder Kündigung des Personals Kompetenz und Erfahrung verloren. Die Beziehung zwischen Träger und Mitarbeiterinnen ist laut Katz (in Tietze 1996, S. 232 ff.) ein „potenzieller indirekter Einfluss auf die Qualität". „Von daher sollte bei der Feststellung der pädagogischen Qualität einer Tageseinrichtung dem Ausmaß, in dem der Träger für angenehme und unterstützende Arbeitsbedingungen sorgt, ernsthafte Aufmerksamkeit gewidmet werden." (ebda.)

Ein weiterer entscheidender Faktor ist die **Freiwilligkeit** der Teilnahme der Tageseinrichtung/des Teams bei der Aufnahme von 2-Jährigen. Das erbrachte Engagement, die Motivation und die im Projekt erzielte Ergebnisqualität haben dies deutlich gemacht.

Nicht immer ist das im Kontext von Trägerentwicklung und Bedarfsplanung zu erzielen; angestrebt werden kann, z. B. vor Aufnahme von 2-Jährigen ggf. trägerinterne Personalumsetzungen/Veränderungen anzubieten, um die o. a. positiven Entwicklungen zu ermöglichen.

Inwieweit diese Vorgehensweise auch mit der Umsetzung der Ergebnisse aus dem Krippengipfel künftig möglich sein wird, ist offen.

Mit der Umsetzung des Bedarfsrichtwerts für 35 % der Kinder unter 3 Jahren ein bedarfsgerechtes Angebot aufzubauen, wird sich die Kinderbetreuungslandschaft fundamental verändern.

Für Fachkräfte wird es zukünftig selbstverständlich sein, im Kleinkindbereich tätig zu werden.

Um so entscheidender ist es, Unterstützungssysteme zur Vorbereitung aufzubauen.

1.2.4 Unterstützungssystem für soz.-päd. Fachkräfte

Erschließung von	Konzeptionelle Erarbeitung
– Arbeitshilfen	– Zeit
– Literatur und Medien vor Ort in der Tageseinrichtung	– Raum – Begleitung

– Fachvorgesetzte (professionelle Trägerstruktur) oder – Fachberatung – (externe) fachlicher Draufblick kontinuierlich, selbstverständlich ohne Leidensdruck z. B. durch Konzeptionsbegleitung	Hospitation in anderen Tageseinrichtungen – Zeit – Kenntnis, <u>wo</u> Erfahrungen bereits bestehen – Raum für Austausch mit Kolleginnen in vergleichbaren Arbeitssituationen (Kollegialer Austausch)

Kollegialer Austausch, der rollierend in verschiedenen Tageseinrichtungen/Teams mit integrierten Kleinkindern stattfindet, wird von den Fachkräften als sehr hilfreich bewertet. Als besonders wertvoll wird darin das Kennenlernen der jeweils anderen Tageseinrichtungen und die Erläuterungen der dortigen Praxis durch die Kolleginnen angesehen. Deshalb wurde von den Fachkräften als Konsequenz empfohlen, kollegialen Austausch mit kollegialen Hospitationen zu verbinden, bei denen unmittelbar an der Praxis der anderen gelernt werden kann. Dollase (in Ahnert 1998, S. 142) sieht die Möglichkeit „in einem Programm ‚Kollege/Kollegin besucht Kollegen/Kollegin' die Diffusionsgeschwindigkeit optimaler Lösungen zu erhöhen.“

1.2.5 Ausgestaltung und Rahmenbedingungen für die Eingewöhnung als Moment der Personaldisposition

Aus den Ausführungen zum Thema Eingewöhnung (vgl. a. entspr. Kapitel im Projektbericht) ist insgesamt der Schluss zu ziehen, dass die volle Anwesenheit des Personals während dieser Anfangszeit unabdingbar ist, um einen ungestörten Bindungsaufbau zu sichern. Das Kind braucht die uneingeschränkte Verfügbarkeit seiner Bezugsperson, damit eine Bindung sich entwickeln kann.

Das hat aufseiten der Träger Konsequenzen für die Genehmigung von Urlaubs- und Fortbildungszeiten. Krankheitsvertretung ist unverzüglich und zuverlässig zu garantieren. Aufseiten der Tageseinrichtung setzt es eine umfassende Aufnahmeplanung voraus.

1.2.6 Entlastung der Fachkräfte durch Zusatzkräfte

Die Betreuungsqualität lässt sich durch Zusatzkräfte,[Fn.1] die gut in die Teamarbeit eingebunden werden, noch einmal steigern und sichert bei Ausfällen die Konstanz der Arbeit. Das wurde als günstig erlebt und deshalb weiterempfohlen. W. Dollase (in Ahnert 1998, S. 137 ff.) führt die Nutzung von Hilfskräften als eine von mehreren Strategien zur „psychologischen bzw. virtuellen Reduzierung der Gruppengröße" auf, indem durch sie für die Fachkräfte eine Komplexitätsreduktion bewirkt wird. Damit nimmt vermutlich deren innere Verfügbarkeit wieder zu. Ähnliches gilt für verlässliche Krankheitsvertretung. Dabei sind wiederkehrende, vertraute Kräfte besonders für kleine Kinder günstig.

1.3 Gruppengröße

Wir erachten im Sinne des Kindeswohls die Gruppengröße für den Kindergarten 2 Plus als geeignet: **18 Kinder pro Gruppe mit vier 2-Jährigen** (zur Einrichtungsgröße s. S. 23). Wir treffen dabei keine Unterscheidung nach den Betriebsformen Halbtagskindergarten, Regelkindergarten, Kindergarten mit veränderten Öffnungszeiten oder Sonderöffnungszeiten.[Fn.2]

---

1. Unter Zusatzkräften werden hier nicht qualifizierte Kräfte wie Vorpraktikantinnen, Freiwilliges soziales Jahr, 1-€-Joberinnen u. a. verstanden.
2. Vgl. Betreuungszeitentypologie in Baden-Württemberg mit 4 bzw. 6 Stunden Tagesöffnungszeit und unterschiedlichen Öffnungszeitenkorridoren.

Begründung für die geeignete Gruppengröße:

Der Kindergarten hat sein Gesicht verändert, die Altersmischung ist breiter geworden, er ist – auch – „jünger" geworden. War er in den Jahren des Platzmangels häufig nur eine Tageseinrichtung mit drei Jahrgängen, so beträgt die Altersvarianz **seit dem Rechtsanspruch für 3-Jährige vier Jahrgänge** – mit allen Konsequenzen. Diese Veränderung drückt sich zwar sichtbar in den nach langem Widerstand inzwischen im Kindergarten nicht mehr vermeidbaren Wickeltischen aus, wird aber in der Literatur oder Fachpresse wenig im Hinblick auf das Anforderungsprofil des Personals und auf konzeptionelle Konsequenzen hin erörtert. Die altersmäßige Verbreiterung stellt also schon in einem Kindergarten ab drei Jahren Anforderungen, praktisch wie mental (Haltung), die in den Rahmenbedingungen angemessen berücksichtigt werden müssen. Obgleich die Umsetzung des Rechtsanspruchs nun 10 Jahre zurückliegt, ist die konzeptionelle Auseinandersetzung und das subjektive Gefühl von Mehrbelastung bei Fachkräften noch erfassbar.[Fn.1]

Die Veränderung des Kindergartenalters nach unten (also das „geringere" Eintrittsalter des Kindes mit 3 Jahren) wird dabei nicht immer berücksichtigt; der Kindergarten ist also inhaltlich und in seinen Rahmenbedingungen dieser Entwicklung noch nicht immer und umfassend gefolgt.

Gilt dies bereits für den Kindergarten ab drei Jahren, so erst recht für den **Kindergarten 2 Plus.**

Werden **fünf Kinderjahrgänge** gemeinsam betreut, haben <u>alle gleichrangig</u> Recht und **Anspruch auf Erfüllung ihrer Entwicklungsbedürfnisse.**

K. Schneider stellte während des Expertinnentreffens im Rahmen des Modellprojektes am 21.9.2001 fest: „Die Orientierung ist nach oben hin ausgerichtet (…). Das sind schlechte Voraussetzungen für Integration im Sinne von Differenzierung, bei der Platz ist für die Bedürfnisse aller Kinder." (Vortragsmanuskript) Die Orientierung in der fachlichen Ausrichtung nach oben mag historisch erklärbar sein, sie ist aber vermutlich auch Bewältigungsstrategie angesichts großer Gruppen. Schneider: „Je älter die Kinder werden, umso besser."

Die Klage einer Berufspraktikantin: „Wir können gar nicht richtig[!] arbeiten, weil wir uns dauernd um die Kleinen kümmern oder sie wickeln müssen" macht die Not und die Zerrissenheit in der Haltung

---

1. Erfahrungen der Autorinnen aus dem Modellprojekt und Fortbildungen bzw. Organisationsberatungen zu diesem Thema.

einiger Fachkräfte und deren Orientierung auf ältere Kinder deutlich. Denn: Was ist „richtiges" Arbeiten?

Der Begriff „Fünf Kinderjahrgänge" verdeckt leicht, dass es sich in Wirklichkeit um **kindliche Individuen mit sehr unterschiedlichen Bedürfnissen** handelt. Jeder Kindergarten muss von seinen Rahmenbedingungen her allen gerecht werden können. Es darf keine Tageseinrichtung nur für „pflegeleichte" und aktive Kinder sein, sondern ist auch ein Ort für schüchterne, für stille, für anhängliche Kinder.

Das von uns empfohlene Verhältnis von Gesamtgruppengröße zu 2-Jährigen greift Expertenempfehlungen zur Steuerung der Altersstruktur der Gruppe (vgl. Kapitel Projektbericht) durch annähernde **Gleichverteilung der fünf Jahrgänge** auf. Die Reduzierung bedeutet, wenn man von den 2-Jährigen absieht, praktisch 50 % Reduzierung bei den Drei- bis Sechsjährigen.

Das wiederum hat zur Folge, dass zwar für die 2-Jährigen ausreichend **Spielpartnerschaften** und das „Gefühl – wir sind eine Gruppe" gesichert ist, jedoch Spielpartnerschaften und **altershomogene Strukturen zur Förderung** und Bildung für die älteren Kinder schwierig bis unmöglich werden.

Aus diesem Tatbestand resultiert, dass u. E. eine eingruppige Tageseinrichtung nicht geeignet ist, nach unten zu öffnen.

Wir empfehlen eine **zweigruppige Tageseinrichtung**, in der in einer Gruppe 2-Jährige integriert werden und die andere Gruppe der bisherigen Größe und Altersstruktur folgt.

Konzeptionell sind die beiden Gruppen mindestens gruppenübergreifend, ideal ohne herkömmlichen Gruppenbezug konzeptionell zu führen.

Nur mit dieser Struktur ist die selbst gesteuerte Entwicklung von alters-/entwicklungshomogenen Spielpartnerschaften gewährleistet! Die Praxiserfahrungen aus der sog. großen Altersmischung der 1990er-Jahre haben ausführlich verdeutlicht, wie entscheidend auch für die Selbstbildungsprozesse gleichrangige Spielpartner sind.

Wenn beabsichtigt wird, mehr als vier 2-Jährige aufzunehmen, wäre es sinnvoll, die Gruppengröße weiter anzupassen. Es erscheint dann sinnvoll, die $^1/_3$–$^2/_3$-Zusammensetzung altersgemischter Gruppen mit zusammen 15 Kindern (fünf Kleinkinder, zehn 3- bis 6-Jährige) anzuwenden.

Exkurs
Gruppengröße und Stichtagsregelung zur Eingruppierung der Leitung

Im Tarifvertrag vom 24.4.1991 ist geregelt, dass sich die Eingruppierung der Leitung nach dem Durchschnittswert der im Zeitraum Oktober bis Dezember aufgenommenen Kinder richtet. Mit dem am 1.10.2005 in Kraft getretenen TVöD ist dieses Tarifmerkmal vorerst übernommen worden. Erreicht eine Leiterin die sog. Schwellenwerte von 40, 70, 100 bzw. 130 Kindern in diesem Zeitraum nicht, kann sie zurückgruppiert werden. (Wird sie nicht zurückgruppiert, liegt eine übertarifliche Bezahlung vor.)

Diese Vorgabe ist bereits im Zusammenhang mit der Umsetzung des Rechtsanspruchs und den darin gesetzlich zu vollziehenden unterjährigen Aufnahmen problematisch. Diese Vorgabe ist auch aufgrund ihrer pädagogisch problematischen Auswirkungen (keine Möglichkeit behutsamer, gestaffelter Aufnahmen) u. E. von den politischen Entscheidungsträgern und den Tarifparteien zu diskutieren und durch eine erweiterte Regelung bei der Festlegung der Eingruppierungsmerkmale zu ersetzen.

Ganz drastisch formuliert, kann die Tarifvorgabe zweierlei bewirken:

Entweder es werden Kindern aus Tarifgründen die für ihr Wohl notwendigen Aufnahmebedingungen vorenthalten oder die Leiterin muss mit ihrem (Verzicht auf) Privatvermögen – mit Auswirkungen bis zur Rentenbemessung – pädagogisch sinnvolle Rahmenbedingungen finanzieren.

1.4   Ausgestaltung und Lage der Öffnungszeit

Die Lage der Öffnungszeiten eines Kindergartens gestaltet sich in den Ländern sehr unterschiedlich. In den südlichen Bundesländern ist die am Tag geteilte Öffnungszeit (Vor- und Nachmittagsbesuch mit Mittagspause zu Hause) im Kindergarten keine Seltenheit.

Dabei ist der Nachmittagsbesuch im Regelkindergarten seit Jahren rückläufig. Neben dem organisatorischen Grund (zeitl. Belastung der Eltern) besteht seit Jahren der Erfahrungswert, dass der mit der geteilten Öffnungszeit zusammenhängende zweifache Ortswechsel in zwei Stunden auch für 3-jährige Kinder sehr belastend ist. Wenn familiär möglich, besuchen diese den Kindergarten nachmittags nicht – so auch die 2-Jährigen.

Die Tageseinrichtung als Lebensraum für einen gewissen Teil des Tages zu verstehen, ist stärker im Selbstverständnis von Ganztageseinrichtungen verankert und vollzieht sich in der sog. **Zusammenhängenden Öffnungszeit** von 07:30 bis 13:30 Uhr bzw. von 08:00 bis 14:00 Uhr schon durch die zweite Mahlzeit und bewussten Ruhezeiten in der Betriebsform „Veränderte Öffnungszeiten." Diese **Tagesausgestaltung** kommt den 2-Jährigen stärker entgegen.

Diese Betreuungszeit kommt auch den Eltern in der Elternzeit entgegen. Eine Vereinbarkeit von Teilzeittätigkeit und Familie ist mit dieser Struktur gut zu vereinbaren und wird von vielen Eltern auch gerne als „behutsame" Form des Einstiegs in die Vereinbarkeit von Familienverantwortung und Erwerbstätigkeit geschätzt.

1.5 Kindergarten 2 Plus in der Bedarfsplanung

Das Sozialgesetzbuch VIII (Sozialgesetzbuch Achtes Buch – Kinder- und Jugendhilfe, vormals: KJHG) und der 12. Kinder- und Jugendbericht der Bundesregierung gehen von einer am sozialräumlichen Bedarf orientierten Angebotsausgestaltung aus. Die Umsetzung des Rechtsanspruchs auf einen Kindergartenplatz basiert auf einer Sozialraum- und damit Wohnortorientierung.

Angebote im Bereich der Kleinkindbetreuung sind in vielen Kommunen bisher zentral angesiedelt bzw. bei ihrer Ausgestaltung von vielen anderen Parametern mit abhängig (räumliche und personelle Infrastruktur).

In vielen Kommunen, in denen derzeit 2-jährige Kinder aufgenommen werden, wird das zumeist in Tageseinrichtungen vollzogen, die aufgrund rückläufiger Kinderzahlen Ressourcen freihaben. Mit diesem „Planungsfaktor" entsteht irgendwann eine „Flächendeckung" des Angebots; heute kann es jedoch sein, dass genau in den Gebieten, in denen wenig Bedarf ist, ein Angebot aufgebaut wird, das nicht zwingend dort benötigt wird.

Die Folge ist, dass ein Platztourismus entsteht.

Eltern wechseln nach dem ersten Jahr im Kindergarten 2 Plus „zurück" in den wohnortnahen Kindergarten. Dadurch werden die Kleinsten, die wie o. a. besondere Bedingungen für den Beziehungs- und Bindungsaufbau benötigen, früh aus dem Gewohnten wieder herausgelöst; nach einem Jahr ist ein neuer Start erforderlich.

Wir empfehlen, in der Komplexität der Bedarfsplanung zwischen Wirtschaftlichkeit und Elternbedarf das Kindeswohl des kleinen Kindes besonders zu berücksichtigen und durch gezielte Absprachen mit allen Trägern im Sozialraum zeitnah möglichst gleichmäßig Plätze für 2-Jährige aufzubauen.

Mit dem Ausbau der Kleinkindbetreuung verbindet der Bund ein Investitionsprogramm, das neben Neu- und Anbauten auch Gebäudeanpassungen bezuschusst.

Für die Träger entsteht hier die Chance, bestehende Kindergartengebäude für die Belange der Betreuung von Kleinkindern anzupassen und Vorbereitungen für die Umsetzung des Rechtsanspruchs auf einen Kleinkindbetreuungsplatz ab 2013 zu treffen.

Der Aufbau einer wohnortnahen Infrastruktur in der Kleinkindbetreuung rückt damit in den Mittelpunkt der Bedarfsplanung; der o. a. Platztourismus wird damit vermieden.

Wir empfehlen auch, bei der Aufnahme darauf zu achten, dass zwischen Tageseinrichtung und („auswärtigen") Eltern (Eltern, die in eine anderen Kommune oder einem anderen Ortsteil leben) der Aspekt der Kontinuität des Kindergartenbesuchs über die 4 Jahre besprochen wird.

1.6 Raum

Neben den dargestellten Faktoren, dem „Zeit-Raum", dem virtuellen Raum des 2-Jährigen in der Gruppe und dem Beziehungsraum, dem Verhältnis zwischen 2-Jährigem und Fachkraft, hat der vorbereitete und gestaltete Raum, der reale Raum, einen erheblichen Einfluss auf die Entwicklungsbedingungen.

Anders als in der reinen Krippe stehen Fachkräfte bei der Raumgestaltung für altergemischte Gruppen, wie hier für 2- bis 6;5-Jährige vor einer großen Herausforderung. Es gilt, in dem häufig klassischen Raumkonzept von Gruppen und Nebenraum Bildungs- und Bewegungsräume zu schaffen, die den verschiedenen Entwicklungsbedürfnissen entsprechen. Daraus entsteht eine erhebliche Diskrepanz. So benötigt das kleine Kind die schnelle optische Erfassbarkeit der Bezugserzieherin,[Fn.1] das ältere Kind jedoch das Recht auf nicht einsehbare Bereiche.

Das ältere Kind benötigt Lern- und Bildungsinseln mit Forschungscharakter und Gerätschaften (Mikroskop, PC) oder Werkstätten (Werkzeuge), während das kleine Kind andere Erfahrungsräume benötigt, in denen Bewegung stets möglich sein muss.

Ein entscheidender Aspekt in der Raumgestaltung ist die Situation des Wickelns. Gerade Kinder, die sich im Prozess des Sauberwerdens befinden, haben in den meisten Fällen einen besonderen Bedarf an Intimität. Es ist nicht günstig, den Wickelbereich im Gruppenbereich oder Flur einzurichten, dafür sollte man gezielt im Waschbereich Nischen zu nutzen. Dabei kann auch geprüft werden, inwieweit Toiletten „überbaut" werden, also eine bestehende Kabine in einen Wickelbereich umgenutzt wird. Hilfreich ist eine Dusche.

Die Erfahrungen zeigen, dass der Sanitärbereich der einzige wirklich kostenträchtige Bereich bei der Raumgestaltung für 2-Jährige sein kann.

Die Erfahrung hat gezeigt, dass Kinder mit 2 Jahren oder im Krippenbetrieb bei einer Öffnungszeit von 6 Stunden keine Schlafphase wie im Ganz-

---

1. Vgl. K. Schneider in „Krippenbilder".

tagesbetrieb oder im Krippenbetrieb annehmen. Sie benötigen Rückzugsmöglichkeiten am Rande des Geschehens, die ihnen das Auftanken ermöglichen. Die Kinder suchen sich individuell, was ihnen gut tut: das Lesesofa, die Bauecke, der Tripp-Trapp, einen Korb, eine Kissenburg, eine Kiste …

Die Ausstattung eines klassischen Ruheraums ist für diese Angebotsform nicht erforderlich!

(vgl. a. Empfehlungen zur Ausstattung im Kapitel Raum)

In der Praxis hat sich gezeigt, dass die beiden von Tietze auf der Basis amerikanischer Grundlagenwerke entwickelten Qualitätsentwicklungsinstrumente

| Kindergarteneinschätzskala | KES R[Fn.1] |
| Krippeneinschätzskala | KRIPS[Fn.1] |

ein sinnvolles, ergänzendes Instrument für die Weiterentwicklung der Qualität sind.

In der Anwendung wird aber auch der vorne beschriebene Spannungsbogen, die verschiedenen Entwicklungsbedürfnisse zwischen 2 und 6;5 Jahren adäquat zu beantworten, deutlich.

Exkurs
Kindeswohl als Kernelement
des Qualitätsmanagements in Tageseinrichtungen

Tietze stellt im „Nationalen Kriterienkatalog – Pädagogische Qualität in Tageseinrichtungen für Kinder",[Fn.2] der im Rahmen der nationalen Qualitätsinitiative entstanden ist, 20 Qualitätsbereiche in der institutionellen Tagesbetreuung auf (vgl. S. 30).

In 6 Leitgesichtspunkten zur Bestimmung pädagogischer Qualität
– räumliche Bedingungen
– Erzieherin-Kind-Interaktion
– Planung
– Nutzung und Vielfalt von Material
– Individualisierung
– Partizipation

bewertet er die 20 Qualitätsbereiche und erfasst dabei die Strukturen, die in der institutionellen Tagesbetreuung erforderlich sind, um die Individua-

---

1. Vgl. Literaturvorschläge S. 142.
2. Tietze, Viernickel (Hrsg.), Beltz 2002.

lisierung pädagogischer Arbeit und darin die Sicherung des individuellen Wohls des Kindes zu gewährleisten.

Den Entwicklungsbedürfnissen und dem Wohl von Kindern unter 3 Jahren räumt er besondere Aufmerksamkeit ein.

Diesen Katalog in die Vorbereitung, ggf. unterstützt mit externer Begleitung, mit einzubeziehen, empfehlen wir, nicht zuletzt vor dem Hintergrund der Aussagen zum Kinderschutz in SGB VIII.

Vgl. auch: Exkurs im Projektbericht 6.0 (ausführlicher!)

1.7 Präsentationen für Träger, Tageseinrichtungsleitungen, Erzieherinnen und Eltern

Kompletter Vortrag als Vorlage in der Arbeitshilfe für Leitung und Teams

Sie möchten Ihr Angebot um die Betreuung 2-Jähriger erweitern und dies auf einem Elternabend, bei einer Leiterinnenrunde oder bei einer Veranstaltung Ihres Trägers anschaulich, professionell und überzeugend erläutern?

Um Ihnen diesen Teil der Öffentlichkeits- und Überzeugungsarbeit zu erleichtern, finden Sie in unserer Loseblatt-Sammlung „Integration Zweijähriger in Kindergärten" auf der CD-ROM unter der Kennzahl 60.20 eine vollständige Power-Point-Präsentation zu diesem Thema.

Die Power-Point-Datei (PPT) enthält in den Notizen auch die Erläuterungen zu jeder Folie, die Sie direkt für Ihren Vortrag verwenden und natürlich auch verändern können. Somit müssen Sie sich auch über die Formulierungen etc. keine Gedanken machen, sondern können bequem und einfach auf diese Arbeitshilfe zugreifen.

Der Vortrag hat sich in der Praxis schon mehrfach bewährt.

Die Präsentation steht Ihnen als Ausdruck auch in der Loseblattsammlung zur Verfügung. Die Präsentation beinhaltet folgende Aspekte:

Einige Beispiele aus der Präsentation:

Teil 1

Integration Zweijähriger in Kindergärten

Zweijährige :   keine Anhängsel oder Füllmasse!

Nicht: 3-6 plus ein bisschen 2,

Sondern: Für 2-6 denken und planen!

Zweijährige verändern den Kindergarten strukturell.
· Tun sie es nicht, stimmt die Qualität der Betreuung nicht.

Angelika Kercher, Kariane Höhn: Integration 2-Jähriger in Kindergärten

Zum Raum:

Anforderungen an Räume für 2-6

Herausforderung:
Berücksichtigung unterschiedlicher Bedürfnisse der Altersgruppen

2-J:
optische Verfügbarkeit der Erzieherin, auch von Ruhe-Inseln aus
viel Bewegungsraum: Freifläche (→ Personaleinsatz)
Wickelbereich abgegrenzt und ansprechend (→ u.U. Kosten)

Ältere:
Recht auf nicht einsehbare Bereiche
Bildungsinseln, Werkstätten, Forschungsmaterial

Angelika Kercher, Kariane Höhn: Integration 2-Jähriger in Kindergärten

1 Einleitung - 2 Beziehungsraum - **3 vorber. Raum** - 4 Zeit-Raum - 5 Rahmenbedingungen

Inseln zum Rückzug:

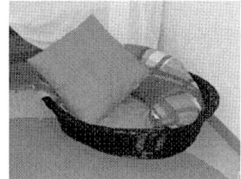 

Angelika Kercher, Kariane Höhn: Integration 2-Jähriger in Kindergärten

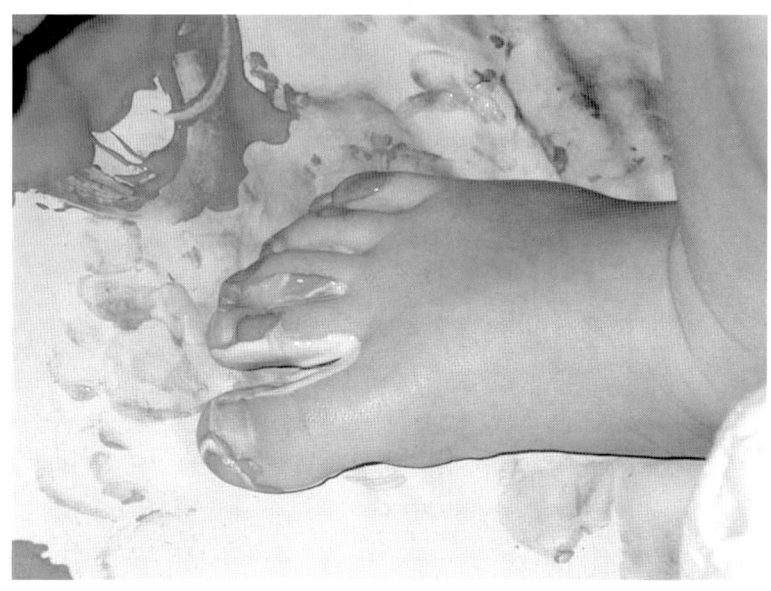

Die Aufnahme
2-Jähriger im Kindergarten
ist dann gelungen,
wenn „die Kleinen" ihre Spuren in
der Konzeption, dem Tagesablauf, dem Raum, der Gruppe
und dem täglichen Handeln
hinterlassen!

Teil 2 Organisatorische und rechtliche Hilfestellungen bei der Planung zur Aufnahme 2-Jähriger in den Kindergarten

Teil 2

2.1 Möglicher Ablauf der Angebotsveränderung zum KiGa 2 Plus

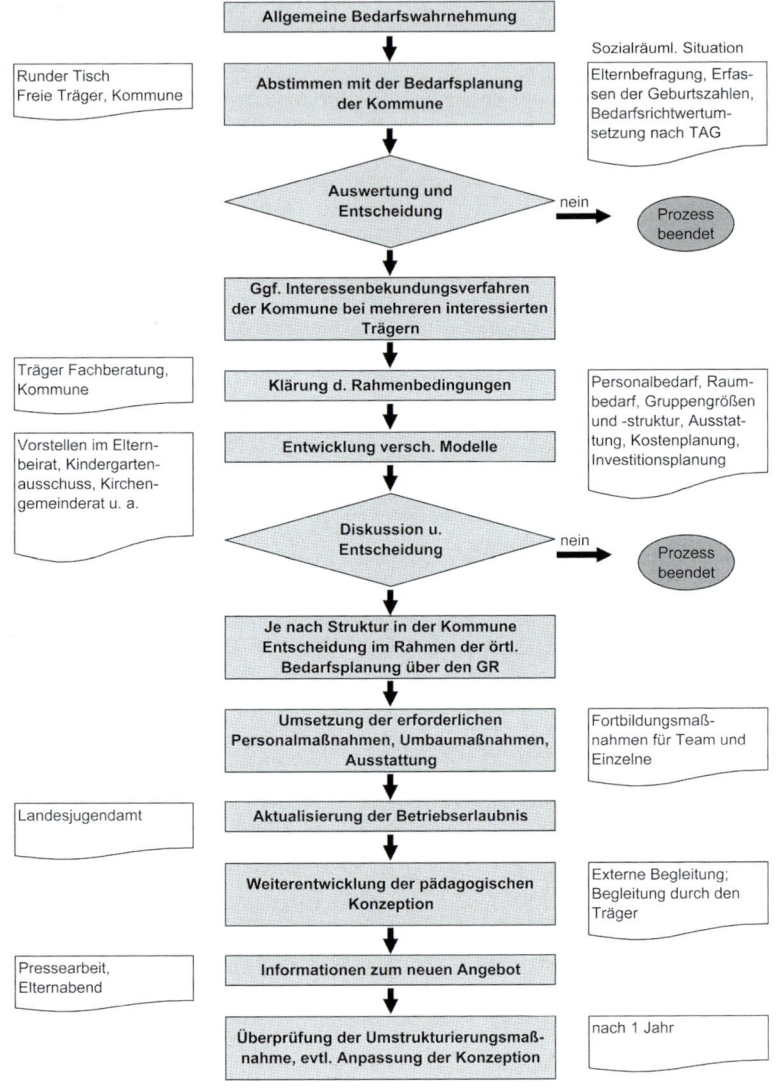

2.2 Regelungen für die Betreuung von Kindern unter drei Jahren in Tageseinrichtungen in Baden-Württemberg[Fn.1]

Mit dem Kindertagesbetreuungsgesetz (KiTaG) vom 14.2.2006 hat das Land Baden-Württemberg erstmals die Kleinkindbetreuung deutlich in ein Landesgesetz aufgenommen.

In Baden-Württemberg liegen darüber hinaus zur Umsetzung des TAG Verfahrensgrundsätze, Hinweise und Empfehlungen sowie Eckpunkte für den weiteren Ausbau der Kleinkindbetreuung des Sozialministeriums vor (anzufordern daselbst). Die nachfolgenden Informationen können auch für Träger und Fachkräfte anderer Bundesländer durchaus interessante Hinweise bieten.

Die folgende Übersicht gibt die wichtigsten Kriterien wieder, die vom Kommunalverband für Jugend und Soziales Baden-Württemberg – Dezernat Jugend bei der Erteilung einer Betriebserlaubnis für die verschiedenen Gruppenformen angelegt werden. Sie erhebt keinen Anspruch auf Vollständigkeit und stellt den aktuellen Stand im Dezember 2007 dar.

Gruppenform	Personal pro Gruppe	Gruppengröße	Anteil der Kinder unter drei Jahren	Bemerkungen
Altersgemischte Gruppe mit Kindern im Alter von 2 Monaten bis zum Schuleintritt		In der Regel 12–15 Kinder		
Altersgemischte Gruppe mit Kindern im Alter von 2 Monaten bis 14 Jahren	zwei Fachkräfte während der Hauptbetreuungszeit	In der Regel 12–15 Kinder	Die Anzahl der Kinder im Kindergartenalter überwiegt.	Die Betreuungszeiten der Kinder, die nicht im Kindergartenalter sind, nehmen eine maßgebliche Zeit ein (mindestens zwei Stunden täglich).
Altersgemischte Gruppe mit Kindern im Alter von 2 Jahren bis Schuleintritt	außerdem abhängig vom Anteil der Kinder unter drei, der Altersstruktur und der Öffnungszeit	In der Regel 18–23 Kinder. Ausgehend vom Standard der jeweiligen Angebotsform (RG: 25; VÖ: 22; GT: 20 Kinder) reduziert sich die Gruppenstärke pro 2-jäh-		

---

1. Vgl. a. „Gebrauchsanweisung für Knirpse", Landesverband Kath. Kindertagesstätten Diözese Rottenburg-Stuttgart e. V. 2005.

Gruppenform	Personal pro Gruppe	Gruppengröße	Anteil der Kinder unter drei Jahren	Bemerkungen
		riges Kind um einen Platz.		
Altersgemischte Gruppe mit Kindern im Alter von 2 Jahren bis 14 Jahren		In der Regel 15–23 Kinder. Ausgehend vom Standard der jeweiligen Angebotsform (RG: 25; VÖ: 22; GT: 20 Kinder) reduziert sich die Gruppenstärke pro 2-jähriges Kind um einen Platz.	Bei einer Mischung mit allen Altersgruppen kann der Anteil der Kinder im Kindergartenalter nicht weniger als die Hälfte sein.	
Kleinkindgruppe (Krippe) für Kinder im Alter von 2 Monaten bis 3 Jahren	zwei Fachkräfte während der Hauptbetreuungszeit (ggf. zusätzliches Personal z. B. bei hohem Anteil von Säuglingen)	10 Kinder	nur Kinder unter drei Jahren	ab einer Wochenbetreuungszeit von 15 Stunden
Betreute Spielgruppe für Kinder im Alter von 2 Monaten bis 3 Jahren	eine Fachkraft und eine weitere geeignete Kraft (ggf. zusätzliches Personal z. B. bei hohem Anteil von Säuglingen)	10 Kinder	nur Kinder unter drei Jahren	Wochenbetreuungszeit: ab 10 bis max. 15 Stunden

Hauptbetreuungszeit ist die Zeitphase in der Tageseinrichtung, in der mehr als 50 % der Kinder in einer Gruppe (ausgehend von der Gruppengröße) anwesend sind.

Zur Berechnung der genauen Platzzahl für die verschiedenen Altersstufen **in altersgemischten Gruppen mit Kindern ab zwei Jahren** sollen Ihnen die folgenden Tabellen dienen.

Bei Regel- und VÖ-Gruppen gelten, sofern nichts anderes in der Betriebserlaubnis bestimmt ist, folgende Vorgaben:
– grundsätzliche Reduzierung um drei Plätze (sog. degressive Staffel),
– jedes unter 3-jährige Kind beansprucht zwei Plätze,
– die Zahl der Kinder im Kindergartenalter überwiegt deutlich.

Betriebsform **Regelgruppe: max. 25 Plätze**				
	Kinder ab 3 Jahren		Kinder zwischen 2 und 3 Jahren	Summe
Kinderzahl	**23 Kinder**	plus	**1 Kind**	=	**24 Kinder**
Gezählte Plätze	23 Plätze	plus	2 Plätze	=	25 Plätze
Kinderzahl	**21 Kinder**	plus	**2 Kinder**	=	**23 Kinder**
Gezählte Plätze	21 Plätze	plus	4 Plätze	=	25 Plätze
Kinderzahl	**19 Kinder**	plus	**3 Kinder**	=	**22 Kinder**
Gezählte Plätze	19 Plätze	plus	6 Plätze	=	25 Plätze
Kinderzahl	**17 Kinder**	plus	**4 Kinder**	=	**21 Kinder**
Gezählte Plätze	17 Plätze	plus	8 Plätze	=	25 Plätze
Kinderzahl	**15 Kinder**	plus	**5 Kinder**	=	**20 Kinder**
Gezählte Plätze	15 Plätze	plus	10 Plätze	=	25 Plätze
Kinderzahl	**13 Kinder**	plus	**6 Kinder**	=	**19 Kinder**
Gezählte Plätze	13 Plätze	plus	12 Plätze	=	25 Plätze
Kinderzahl	**11 Kinder**	plus	**7 Kinder**	=	**18 Kinder**
Gezählte Plätze	11 Plätze	plus	14 Plätze	=	25 Plätze
Kinderzahl	**9 Kinder**	plus	**8 Kinder**	=	**17 Kinder**
Gezählte Plätze	9 Plätze	plus	16 Plätze	=	25 Plätze

Betriebsform **VÖ-Gruppe: max. 22 Plätze**				
	Kinder ab 3 Jahren		Kinder zwischen 2 und 3 Jahren	Summe
Kinderzahl	**20 Kinder**	plus	**1 Kind**	=	**21 Kinder**
Gezählte Plätze	20 Plätze	plus	2 Plätze	=	22 Plätze
Kinderzahl	**18 Kinder**	plus	**2 Kinder**	=	**20 Kinder**
Gezählte Plätze	18 Plätze	plus	4 Plätze	=	20 Plätze
Kinderzahl	**16 Kinder**	plus	**3 Kinder**	=	**19 Kinder**
Gezählte Plätze	16 Plätze	plus	6 Plätze	=	22 Plätze
Kinderzahl	**14 Kinder**	plus	**4 Kinder**	=	**18 Kinder**
Gezählte Plätze	14 Plätze	plus	8 Plätze	=	22 Plätze
Kinderzahl	**12 Kinder**	plus	**5 Kinder**	=	**17 Kinder**
Gezählte Plätze	12 Plätze	plus	10 Plätze	=	22 Plätze
Kinderzahl	**10 Kinder**	plus	**6 Kinder**	=	**16 Kinder**
Gezählte Plätze	10 Plätze	plus	12 Plätze	=	22 Plätze
Kinderzahl	**8 Kinder**	plus	**7 Kinder**	=	**15 Kinder**
Gezählte Plätze	8 Plätze	plus	14 Plätze	=	22 Plätze

Betriebsform **VÖ-Gruppe: max. 22 Plätze**					
	Kinder ab 3 Jahren		Kinder zwischen 2 und 3 Jahren		Summe
Kinderzahl	**18 Kinder**	plus	**1 Kind**	=	**19 Kinder**
Gezählte Plätze	18 Plätze	plus	2 Plätze	=	20 Plätze
Kinderzahl	**16 Kinder**	plus	**2 Kinder**	=	**18 Kinder**
Gezählte Plätze	16 Plätze	plus	4 Plätze	=	20 Plätze
Kinderzahl	**14 Kinder**	plus	**3 Kinder**	=	**17 Kinder**
Gezählte Plätze	14 Plätze	plus	6 Plätze	=	20 Plätze
Kinderzahl	**12 Kinder**	plus	**4 Kinder**	=	**16 Kinder**
Gezählte Plätze	12 Plätze	plus	8 Plätze	=	20 Plätze
Kinderzahl	**10 Kinder**	plus	**5 Kinder**	=	**15 Kinder**
Gezählte Plätze	10 Plätze	plus	10 Plätze	=	20 Plätze
Kinderzahl	**8 Kinder**	plus	**6 Kinder**	=	**14 Kinder**
Gezählte Plätze	8 Plätze	plus	12 Plätze	=	20 Plätze

Rechtliche Informationen bezogen auf Baden-Württemberg zur Betreuung von Kindern unter drei Jahren in Tageseinrichtungen

	Kindertageseinrichtungen
Grundlagen	– KJHG § 22 (novelliert durch TAG und KICK 10/05) – Kindertagesbetreuungsgesetz Baden-Württemberg (14.2.2006) insb. § 1 Abs. 6 u. § 3 Abs. 2
Betriebserlaubnis	Durch den Kommunalverband für Jugend und Soziales Baden-Württemberg gemäß § 45 SGB VIII (Ggf. Änderung der bestehenden Betriebserlaubnis notwendig)
Personal	Personalbedarf je nach Betriebsform
Qualifizierung	Fachkräfte gemäß § 7 KiTaG (Sozialpädagoginnen, Erzieherinnen, Kinderpflegerinnen u. a.) Eingebunden in pädagogische Gesamtkonzeption, gestützt von Fortbildung und Fachberatung

	Kindertageseinrichtungen
Raum	Kindertageseinrichtung mit entsprechenden Räumlichkeiten (vielfältiges Raumprogramm innen und außen, Ruhe-/Rückzugsbereich für Kleinkinder, Sanitärbereich mit Wickelmöglichkeit und Dusche, ...) (Mindestausstattung definiert durch Betriebserlaubnis)
Anzahl der Kinder	– In Gruppen für Kinder unter drei Jahren (Kinderkrippen): bis 10 Kinder – In altersgemischten Gruppen: bis 24 Kinder (abhängig vom der Angebotsform s. Tabellen)
Bildung und Erziehung	– Bildungs- und Erziehungsauftrag gemäß § 22 SGB VIII und § 2 KiTaG – präzisiert im Orientierungsplan für Bildung und Erziehung BW Der Orientierungsplan gilt in Baden-Württemberg erst ab dem 3. Lebensjahr. In altersgemischten Gruppen wirken sich die Grundsätze automatisch auf die kleinen Kinder mit aus. – Konzeptionell verankert und ganzheitlich umgesetzt – Im Kreislauf von Beobachtung, Dokumentation und Planung abgesichert – Peergroup-Erfahrungen und altersübergreifende Erfahrungen möglich (abhängig von der Angebotsform)
Finanzierung	– Kommunale Finanzierung gemäß § 8 KiTaG – Zuschüsse des Landes Baden-Württemberg für Tageseinrichtungen zur Kleinkindbetreuung (VwV Kinderkrippen) s. a. § 9 KiTaG – Elternbeiträge

2.3 Auszug aus dem Kindertagesbetreuungsgesetz (KiTaG) und dem Kinder- und Jugendhilfegesetz Baden-Württemberg (LKJHG)

Gesetz über die Betreuung und Förderung von Kindern in Kindergärten, anderen Tageseinrichtungen und der Kindertagespflege (Kindertagesbetreuungsgesetz – KiTaG)

§ 1 Geltungsbereich und Begriffsbestimmungen

(1) Dieses Gesetz gilt für Kindergärten, Tageseinrichtungen mit altersgemischten Gruppen, Kleinkindbetreuung (Betreuung in Kinderkrippen) und Kindertagespflege.

§ 7 Pädagogisches Personal

(1) Fachkräfte in Einrichtungen sind

1. staatlich anerkannte oder graduierte Sozialpädagogen und Sozialpädagoginnen sowie Diplomsozialpädagogen und Diplomsozialpädagoginnen mit Fachhochschulabschluss;
2. staatlich anerkannte Erzieher und Erzieherinnen sowie staatlich anerkannte Erzieher und Erzieherinnen der Fachrichtung Jugend- und Heimerziehung;
3. staatlich anerkannte Kinderpfleger und Kinderpflegerinnen;
4. staatlich anerkannte Heilerziehungspfleger und Heilerziehungspflegerinnen;
5. staatlich anerkannte Heilpädagogen und Heilpädagoginnen;
6. Physiotherapeuten, Physiotherapeutinnen, Krankengymnasten, Krankengymnastinnen, Beschäftigungs- und Arbeitstherapeuten, Beschäftigungs- und Arbeitstherapeutinnen, Logopäden, Logopädinnen sowie Kinderkrankenpfleger und Kinderkrankenschwestern mit abgeschlossener Ausbildung, wenn sie Kinder mit und ohne Behinderung gemeinsam in einer oder mehreren Gruppen betreuen;
7. Diplompädagogen und Diplompädagoginnen;
8. Absolventen des Bachelor-Studiengangs Pädagogik der frühen Kindheit.

(2) Das Landesjugendamt kann auf Antrag ausnahmsweise andere Personen als Fachkräfte zulassen, wenn sie nach Vorbildung oder Erfahrung geeignet sind.

(3) Zur Leitung einer Einrichtung oder einer Gruppe sind befugt (Leitungskräfte):

1. Fachkräfte im Sinne des Absatzes 1 Nrn. 1, 2, 7 und 8;

2. andere Fachkräfte im Sinne der Absätze 1 und 2, die sich nach Feststellung des Landesjugendamts
   a) aufgrund einer mindestens einjährigen Beschäftigung als Zweitkraft in einer Einrichtung oder Gruppe bewährt,
   b) durch Fortbildung auf die Leitungsaufgaben vorbereitet und
   c) in einem Fachgespräch für diese Aufgaben als geeignet erwiesen haben.

(4) Die Leitungskräfte haben die Aufgabe,
1. zusätzlich zur Erziehung im Elternhaus die Gesamtentwicklung des Kindes zu fördern;
2. mit den Eltern zusammenzuarbeiten;
3. andere, bei der Erfüllung der Aufgaben nach den Nummern 1 und 2 mitwirkende Kräfte in der Einrichtung anzuleiten.

(5) Zweitkräfte unterstützen die Leitungskräfte in der Gruppe. Als Zweitkräfte können Fachkräfte im Sinne der Absätze 1 und 2, insbesondere staatlich anerkannte Kinderpfleger und Kinderpflegerinnen, tätig sein. Als Fachkräfte im Sinne von § 1 Abs. 8 gelten auch Sozialpädagogen, Sozialpädagoginnen, Erzieher, Erzieherinnen, Kinderpfleger und Kinderpflegerinnen während des Berufspraktikums.

Kinder- und Jugendhilfegesetz für Baden-Württemberg (LKJHG)

§ 21 Betreuungskräfte

(1) Geeignet zur Betreuung Minderjähriger in erlaubnispflichtigen Einrichtungen (§ 45 SGB VIII) sind pädagogische und therapeutische Fachkräfte, die über eine einschlägige staatlich anerkannte oder eine gleichwertige Fachausbildung verfügen, sofern nicht in ihrer Person liegende Gründe sie ungeeignet erscheinen lassen. Andere Personen kann das Landesjugendamt im Einzelfall auf Antrag des Trägers der Einrichtung zulassen, wenn sie nach Vorbildung und Erfahrung geeignet erscheinen; die Zulassung kann mit Auflagen verbunden werden.

(2) Betreuungskräfte der Jugendhilfe sollen mit geschlechtsdifferenzierenden Inhalten, Methoden und Arbeitsformen vertraut sein. Entsprechende Fortbildung und Praxisberatung sollen angeboten werden.

Teil 2

Teil 3 Einrichtungs-Check: Sind wir bereit?

Teil 3

3.1 Leitfaden: Aufnahme 2-jähriger Kinder in den Kindergarten
Welche Punkte haben wir zu bedenken und zu klären? Sind wir bereit?

1. Das Kind betreffend:
– Kennenlernen des Kindes
– Entwicklungsstand des Kindes und daraus resultierende Unterstützung
– Interessen und Betreuungserfahrungen des Kindes
– Wichtige Rituale und Übergangsobjekte (z. B. Kuscheltier)

2. Die Familie betreffend:
– Vorüberlegungen zur Wahl des Kindergartens
– Bereitschaft der Eltern, die Eingewöhnung zu begleiten
– Organisation von Urlaub/Arbeitsbeginn während der Eingewöhnung
– Bereitschaft und (sprachliche) Möglichkeit der Eltern zur Zusammenarbeit
– Erreichbarkeit der Eltern

3. Den Kindergarten betreffend:
– Bereitschaft des Teams zur Aufnahme 2-Jähriger
– Haltung im Team zur institutionellen Betreuung 2-Jähriger
– Kompetenzen und individuelle fachliche Neigungen im Team
  → veränderte Arbeitsteilung
– Organisation von Bezugspersonensystem/Entlastung Eingewöhnungserzieherin im Personaleinsatz während der Eingewöhnung
– Rahmenbedingungen der Tageseinrichtung
  – Tageseinrichtungs- und Gruppengröße, Gruppenstruktur
  – Personalausstattung, aktuelle Personalsituation im Team
  – Teamsituation
  – räumliche Gegebenheiten und neue Erfordernisse (z. B. Wickelplatz)
  – Sicherheits-Check/Gefahrenquellen
– Gestaltung der pädagogischen Arbeit im Kindergarten
  – Veränderungen im Tagesablauf
  – altershomogene Angebote bzw. Binnendifferenzierung
  – altersheterogene Angebote
  – konzeptionelle Aspekte
  – Vorbereitung der Gruppe und der Eltern auf die Aufnahme 2-Jähriger

4. Den Träger betreffend:

- Ermöglichung von Fortbildung, fachlicher Begleitung, Supervision
- Bereitschaft zu Gruppenreduktion und Erhöhung des Personalschlüssels
- Urlaubs- und Vertretungsregelung insbesondere während der Eingewöhnung
- Ermöglichung von kollegialem Austausch mit anderen Tageseinrichtungen (Hospitation)
- Zurverfügungstellen von Arbeitshilfen, Literatur

Teil 3

3.2 Impuls für ein Teamgespräch zum Thema: Meine Haltung zur Betreuung 2-Jähriger im Kindergarten

1. Würde ich mein eigenes Kind mit 2 Jahren im Kindergarten anmelden?

– Ja, weil _____

– Nein, weil _____

– Unter welchen Voraussetzungen?

_____

_____

_____

_____

2. Zwei Erzieherinnen unterhalten sich über Frage 1:

A: „Zu Hause haben sie es schöner. Lieber noch ein Jahr zu Hause lassen!"

B: „Eher noch zeitiger! Im KiGa hat das Kind bessere Möglichkeiten als zu Hause."

Was ist meine Meinung? Eher **A** oder eher **B**?

_____

_____

_____

_____

Wie kann ich mit der Entscheidung von Eltern umgehen, wenn ich als Privatperson es anders machen würde als sie?

3. Welche Gründe für oder Aspekte betreffs Betreuung von unter 3-Jährigen in Tageseinrichtungen sind von uns Fachkräften besonders zu beachten?

Stichworte zur Anregung:

– Frühe Bildung, Lernen in der Gruppe

– Stabile Bindungen

– Frühe Hilfen für belastete Familien

– Vereinbarkeit von Familie und Beruf

– Vermeidung von Armut

– Geburtenförderung

- Gleichberechtigung von Mann und Frau
- Europ. Vergleich, Standort Deutschland
- weitere Gründe:

_____

_____

_____

_____

Diskutieren Sie im Team, und einigen Sie sich auf die für Ihre Tageseinrichtung aus Ihrer Sicht wichtigsten Aspekte. (Empfehlung: Halten Sie diese Punkte schriftlich fest.)

4. Mit welchen Erwartungen gehe ich an die Aufnahme von 2-Jährigen heran?

Welche Chancen sehe ich?

_____

_____

_____

Welche Aufgaben sehe ich, die besonders beachtet und bearbeitet werden müssen?

_____

_____

_____

3.3 Heißes Thema: Arme Kinder? Rabeneltern? – Kleinkinder in öffentlicher Tagesbetreuung

Die außerfamiliale Betreuung von Kindern unter 3 Jahren ist gerade in der deutschen Öffentlichkeit noch immer ein umstrittenes Thema. Auch in Ihrer Tageseinrichtung wird es dazu unterschiedliche Meinungen geben, die offen auf den Tisch kommen und diskutiert werden sollten.

Zur Fundierung Ihrer Teamdiskussion oder zur Anregung von Gesprächen am Elternabend hier ein paar Ergebnisse und Stellungnahmen von Wissenschaftler(inne)n und unserer Familienministerin:

> „Zusammenfassend lässt sich sagen, dass die empirische Forschung deutlich belegt, dass für Kinder, die mit etwa $1^1/_2$ Jahren oder älter mit der Tagesbetreuung beginnen, keine nachweisbaren Risiken bestehen."

M. E. Lamb & H. Weßels: Tagesbetreuung. In: Keller, H.: Handbuch der Kleinkindforschung. 2. Aufl. Bern 1997, S. 711

Familienministerin Ursula von der Leyen (Mutter von 7 Kindern):

> „Es ist ein kulturelles schlechtes Gewissen:
> als Mutter nie gut genug zu sein.
>
> Wenn ich einen Wunsch frei hätte, dann wäre es, das schlechte Gewissen der Mütter und das Wort Rabenmutter aus diesem Land zu verbannen."

In: chrismon, 7/2006, S. 41

Die Bedeutung der Haltung von Fachkräften zur Gruppenbetreuung von Kleinkindern

- Kleinkinder verstehen vor allem Gefühlssprache. Das heißt: Kleinkinder sind von (unterschwellig geäußerten) Gefühlen der Fachkräfte abhängiger als von ihrer pädagogischen Arbeit. Sie spüren, ob die Erzieherin die Entscheidung der Eltern zur Gruppenbetreuung akzeptiert.
- Fachkräfte können schwer eine positive Einstellung zu Eltern haben, wenn sie meinen, dass diese ungenügend für ihr Kind sorgen.

Entwertet man die Hauptbindungspersonen, fügt man dem Selbstwertgefühl des Kindes schweren Schaden zu.

Nach: Grossmann, Karin und Klaus: Bindungstheoretische Überlegungen zur Krippenbetreuung. In: Ahnert, Lieselotte (1998): Tagesbetreuung für Kinder unter drei Jahren. Theorien und Tatsachen. Bern/Göttingen/Toronto/Seattle: Huber, S. 79

Die Grundeinstellung der Fachkräfte zur öffentlichen Betreuung des Kindes prägt das Verhältnis zu Kind und Eltern.

Ihre Haltung entscheidet darüber, wie Situationen wahrgenommen, Schwierigkeiten interpretiert und bearbeitet werden, auch unbewusst. Eine ablehnende Haltung der Betreuung 2-Jähriger im Kindergarten wäre unter dem Gesichtspunkt des Kindeswohls kritisch.

(nach: Kercher/Höhn [2002]: Integration 2-jähriger Kinder in den Kindergarten. Projektbericht, Stuttgart, Abschnitt 5.6.5)

3.4 Ausbau der Kleinkindbetreuung? Kinder unter drei in Kitas? Argumente und Gründe dafür aus verschiedenen Perspektiven

Ein paar gesammelte Stichworte als Diskussionsstoff im Team und mit Eltern

Perspektive: Wohl des Kindes	Perspektive: Elterliche und familiäre Situation	Perspektive: Staat, Gesellschaft
– Kinder sind früh an anderen Kindern interessiert	– Häufig zwei Einkommen vonnöten → Betreuung notwendig zur Sicherung von Lebensunterhalt	– Gesellschaftlicher Wandel erfordert neue Strategien: ca. $2/3$ der jungen Bürger(innen) fordern mehr Betreuungsplätze unter 3
– Stundenweise Lösung von Hauptbindungsperson gefährdet laut seriöser wiss. Erkenntnis die Bindung nicht	– Durch zwei Einkommen bessere Absicherung bei prekären Arbeitsverhältnissen oder im Falle von Arbeitslosigkeit → mehr Sicherheit für Familie und so auch für Kinder	– Männer und Frauen sind gleichberechtigt: Frauen haben das gleiche Recht zu arbeiten wie Männer (fast $2/3$ der Mütter arbeiten)
– Kinder verkraften und brauchen mehrere Bindungen	– Bei *einem* Verdienst enormer Druck auf dem Verdiener, bes. bei befristeten Arbeitsverträgen → Gefahr für Familienstabilität	– Vereinbarkeit von Familie und Beruf ist gesetzlicher Auftrag an die Gesellschaft
– Kitas bieten Fachkräfte und verlässliches Betreuungsarrangement → keine instabilen Notlösungen mit Stress für Kinder und Eltern	– Frauen wollen/müssen auch selbst ihre Altersversorgung sichern; ca. $1/3$ Ehen scheitern, Partner können sterben	– Die Ein-Verdiener-Ehe wird bereits staatlich gut gefördert (z. B. kostenlose Mitversicherung, Ehegattensplitting)
– Nicht jede Familie kann sichere Bindung und Geborgenheit bieten, es gibt Not und Vernachlässigung	– Frauen geraten nach Scheidung in Abhängigkeit von Zahlungswillen und -fähigkeit des Ex-Mannes → Betreuung gibt Handlungsspielraum → weniger Stress auch für Kinder	– Hausfrauenehe macht die Frau nach Scheidung oft abhängig von staatlicher Sozialhilfe
– Kinder und Familien mit Hilfebedarf werden im KiGa von Fachkräften früher erkannt → frühere Hilfen möglich		– Alleinerziehende fallen oft in Armut, wenn sie nicht arbeiten können → Betreuungsplätze notwendig für Erwerbstätigkeit
– Frühe Sprachförderung		– Die Wirtschaft braucht hochqualifizierte Kräfte, auch gut ausgebildete Frauen

– Frühe Integration von Kindern aus anderen Kulturen	– Viele Frauen haben heute gute (teure) Ausbildung und wollen sie nutzen → Betreuung sichert Wahlfreiheit	– In Frankreich, bei gesicherter Betreuung ab 2 J., bekommen Familien mehr Kinder trotz Berufstätigkeit
– Betreuung unter 3 unterstützt die kindliche Entwicklung durch vielfältige Anregungen. Kinder lernen besonders effektiv durch andere Kinder	– Gefahr der Erwerbslosigkeit von Frauen bei zu langem Aussetzen aus Beruf. Wissenschaftlerinnen können meist nur kurze Babypause machen	– In Frankreich und Skandinavien sind aufgrund von besserer Vereinbarkeit von Familie und Beruf mehr Mütter in gesellschaftlichen und politischen (Spitzen-)Ämtern und können dort die Perspektive von Familien und Kindern einbringen
– Angestrebte 20–30 % Betreuungsplätze für Kinder unter drei ist kein Zwang zu Kollektiverziehung, sondern entspannt die Situation eines Teils junger Familien und ihrer Kinder **Unverzichtbar:** Förderliche Rahmenbedingungen	– Nicht jede Frau findet im Haushalt ihre ausschließliche Erfüllung (Gefahr: Depression und Gefährdung der Partnerbeziehung → Risiko für kindliche Entwicklung) → Wahlfreiheit notwendig	

3.5 Merkmale einer guten Gruppenbetreuung für Kinder unter drei Jahren im Sinne der Bindungstheorie und ihre Anwendung auf berufsbegleitende Supervision

Dr. Karin Grossmann, gekürzt von A. Kercher, K. Höhn

Behandelte Themen sind:
– Entwicklungsbedürfnisse von Kleinkindern,
– Anforderungen an Erzieherinnen und
– Erkennungsmerkmale einer guten Betreuung.

Karin Grossmann, Expertin der Bindungsforschung, hat den Artikel für die Supervision von Kleinkinderzieherinnen geschrieben. Er berührt viele grundlegende Fragen, die ein Team beschäftigen, und gibt differenzierte, realistische Antworten. Die Erzieherinnen im Modellprojekt hielten ihn für sehr geeignet zur Einführung in die Arbeit mit kleinen Kindern.

Daher ist der Artikel besonders hilfreich für die Teams, die nicht die Möglichkeit einer vorbereitenden Teamfortbildung erhalten – hoffentlich sind dies nur wenige! Ansonsten hilft der Artikel bei der Vertiefung der einführenden Fortbildung.

Aus diesen Gründen haben wir den recht langen Artikel nur wenig gekürzt in die Handreichung aufgenommen, auch wenn der folgende Hinweis wichtig ist:

Hinweis!

Zu beachten ist folgender Satz der Autorin: „In diesem **Aufsatz** sollen (…) nur Überlegungen **zur traditionellen Krippensituation, nicht zu (…) altersgemischten Tageseinrichtungen** (…) angestellt werden." Bemerkungen im Text über die begrenzte Fähigkeit von Kleinkindern, mit Gleichaltrigen zu kooperieren und aus diesen Interaktionen zu lernen, beziehen sich also auf die reine Kleinkindgruppe (0–3). Allerdings sind andere Autorinnen in Bezug auf die sozialen Fähigkeiten der 2-Jährigen grundsätzlich optimistischer (z. B. K. Schneider, A. Heck), und auch unsere Projekterfahrungen zeigten erstaunliche Kompetenzen der Kleinen, wenn sie sich sicher gebunden fühlten.

Trotz dieser Einschränkung sehen wir den Artikel als wichtige Informationsquelle auch für Erzieherinnen in Kindergärten Plus 2 an.

(…) In jeder sozialen Gemeinschaft auf der ganzen Welt werden Kinder jeden Alters nicht nur von ihren Eltern, sondern auch von älteren Geschwistern, Verwandten, Nachbarn oder angestellten Kindermädchen betreut. Dieses soziale Netz hilft der Mutter, wenn sie sich wegen ihrer Arbeit, wegen sozialen Verpflichtungen, bei eigener Krankheit und nicht zuletzt beim Gebären und Kümmern um ein neues Baby nicht selbst intensiv um ihre anderen Kinder kümmern kann. Die wesentlichen Merkmale dieses sozialen Netzes sind es jedoch, dass 1. bestimmte Personen sich nur um dieses besondere kleine Kind kümmern, oft neben anderen Tätigkeiten, dass 2. die Verwandten und Nachbarn meist weitreichende soziale Beziehungen zur Familie haben und dass 3. die Hilfsleistungen oft auf Gegenseitigkeit beruhen. Die Beziehung des Kindes zu der betreuenden Person wird darüber hinaus auch außerhalb der eigentlichen Betreuungszeiten aufrechterhalten und hält oft viele Jahre an. Die Vor- und Nachteile dieser Art von Fremdbetreuung sollen hier nicht diskutiert werden.

Die Krippensituation weicht jedoch generell stark von so einem sozialen Netz ab (Matejcek, 1989). Hier werden fast gleichaltrige Kinder in größeren Gruppen von nur wenigen professionellen Erziehern betreut. Die Erzieher gehören meistens nicht zum sozialen Netz der Familie, und die Beziehung des Kindes zu der Erzieherin ist auf die Dauer der täglichen Betreuung sowie auf die Dauer der Beschäftigung der Erzieherin in der Tageseinrichtung beschränkt. Die Professionalisierung und Institutionalisierung der Kleinkindbetreuung ist vom Standpunkt der Entwicklungspsychologie etwas grundlegend anderes als verwandtschaftliche, nachbarliche Betreuung. In diesem Aufsatz sollen also nur Überlegungen zur traditionellen Krippensituation, nicht zu Krabbelgruppen, altersgemischten Tageseinrichtungen oder zum Tagesmuttersystem angestellt werden.

Die Grundfragen, die an die Entwicklungspsychologie bezüglich der Risiken und Chancen einer traditionellen Krippenbetreuung für ein Kind gestellt werden, müssen sich mit folgenden Themen befassen:

1. Die emotionalen und Denkprozesse von vorsprachlichen Kindern unterscheiden sich wesentlich von Kindern im Vorschul- oder gar Schulalter; verbale Hilfen wie Erklärungen, Begründungen, Zeitperspektiven und Zielvorstellungen nützen dem vorsprachlichen Kind etwa bei emotionalem Unwohlsein wenig. Gefühle sind die „Sprache" des Kindes, die es versteht und äußert.

2. Die sozialen Fähigkeiten von Kindern unter 3 Jahren sind sehr begrenzt, Kooperation mit Gleichaltrigen ist in diesem Alter noch schwierig, und bei Konflikten siegt stets der körperlich Stärkere. Spielen jedoch ältere und jüngere Kinder zusammen, wie etwa bei Geschwistern, so verlangen alle Gesellschaften Rücksicht vom Älteren, Verzicht auf Gewalt, und vielfach erwarten sie sogar umsichtige Fürsorge, während das Jüngere oft begierig ist, vom Älteren zu lernen und anerkannt zu werden. Wenn das Zusammenspiel von Geschwistern nicht gelingt, dann kann man sie trennen und jedem verschiedene Beschäftigungen entsprechend seiner Fähigkeiten geben. All dies gilt für Gruppen Gleichaltriger nur sehr begrenzt.

3. Das Zusammenleben mit Kleinstkindern und deren sozialemotionale Bedürfnisse lösen viele emotionelle Reaktionen der Betreuer aus, Mitleid,

Ärger, Trost, Zärtlichkeit usw. In der Familie oder in der Verwandtschaft findet sich in den meisten Fällen nur derjenige zur Betreuung des Kindes bereit, der das Kind lieb hat, also bereit ist, die emotionale Zuwendung oder „Gefühlsarbeit" zu leisten. Erzieherinnen können diese „emotionale Arbeit" je nach Persönlichkeit und Berufsverständnis entweder bereitwillig leisten oder sie durch Versachlichung und Entindividualisierung der Kinder vermeiden (Muir/Tuters, 1990). Allein pädagogisches Engagement ist bei Kleinstkindern kaum möglich.

4. Die Institutionalisierung und Professionalisierung von Gruppenbetreuung für Kinder unter 3 Jahren bedeutet auch, dass die familiäre Kontrolle entfällt z. B. die Überwachung durch die Eltern, die vertrauensvoll davon ausgehen, dass ein offizielles, berufs- oder gar staatsgeleitetes Angebot für die Kinder auch gut sein muss, ähnlich wie der Kindergarten und die Schule.

Die Grundlagen zu den folgenden Erläuterungen und Empfehlungen stammen aus einer Vielfalt von höchst unterschiedlichen Quellen. Die Bindungstheorie und die entwicklungspsychologische Bindungsforschung untersucht altersspezifisch die emotionalen und sozialen Bedürfnisse und Fähigkeiten von Kindern. Die angewandte Entwickungspsychologie bietet bereits eine ganze Reihe von Forschungsergebnissen zu Wirkung und Qualität von Krippenerziehung für Kinder unter 3 Jahren. (Kritische Auseinandersetzung siehe Bensel, 1991.) Und seit etlichen Jahren berate ich eine Fortbildungsgruppe von Regensburger Krippenerzieherinnen, in der Erfahrungsaustausch und Videobeobachtungen im Mittelpunkt stehen.

I. Entwicklungsverläufe und Entwicklungsaufgaben in den Bereichen Kommunikation und Emotion

(...) Mit dem Beginn des Krabbelns entsteht die Furcht vor Höhen und die Furcht vor fremden Personen. Neue Ereignisse lösen Vorsicht aus, und der Säugling beginnt, eine Vorstellung von vertrauten Personen und Gegenständen zu entwickeln, auch wenn er sie nicht sieht. Er beginnt nach ihnen aktiv zu suchen, wenn er sie aus den Augen verloren hat.

Wenn das Krabbeln oder Rutschen beginnt, ist beim Säugling bereits die Bindung zu den vertrauten Personen entstanden. Von nun an braucht der Säugling die Bindungsperson als Zentrum seiner Erfahrungswelt, sowohl als Informanten und Ausgangspunkt für seine Explorationen als auch als Sicherheitsbasis und Fluchtpunkt in dem Moment, wo sich der Krabbler fürchtet oder sich unwohl fühlt. Die beiden Grundmotive eines jungen Kindes, der Wunsch, die Umgebung und soziale Partner zu erkunden, und der Wunsch nach Schutz, Beruhigung, Entspannung und Körperkontakt werden beim krabbelnden Säugling in seinen Bewegungen bezüglich der Bindungsperson deutlich.

Während der vielen täglichen Interaktionen mit seinen Bindungspersonen, meistens der Mutter und dem Vater, lernt der Säugling, welche Laute und Gesten er machen muss, um z. B. Hilfe, Nahrung und Beruhigung zu erhalten und welche kommunikativen Signale seine Bindungspersonen aussenden, wenn er sich in Gefahr befindet. Aber auch zweckfreier kommunikativer Austausch ist für den Säugling im zweiten Lebenshalbjahr eine große Freude. Kitzelspiele, Versteckspiele, Jagdspiele, abwechselnder Singsang, und der vorhersagbare Wechsel von Anspannung zu Entspannung geben dem Säugling das Gefühl, dass er verstanden wird, ihm nicht geschadet wird, dass für ihn gesorgt wird, dass er den Eltern wichtig ist, kurzum, dass er geliebt wird. Entfernung oder gar Trennung von den Bindungspersonen bedeutet für den Krabbler keine Rückzugsmöglichkeit zur Sicherheitsbasis und damit keine Entspannung.

Am Ende des ersten Lebensjahres ist die Bindung des Kindes an ein oder zwei, selten mal drei Hauptbetreuungspersonen gefestigt. Unabhängig von der Qualität der Fürsorge, die diese Bindungspersonen dem Säugling gegeben haben, flüchtet sich der Säugling bei Angst und Anspannung zu einer Bindungsperson und sucht dort Beruhigung und Entspannung. Der Säugling verlässt die Bindungsperson, wenn er neugierig und wohlgelaunt seine Umgebung untersuchen möchte. Die zentrale Bedeutung der Bindungsperson für die Befindlichkeit des Säuglings zeigt sich auch darin, dass selbst ein wohlgelaunter, explorationsfreudiger Krabbler sich periodisch nach seiner Bindungsperson umsieht, um zu wissen, wohin er sich flüchten muss, falls er sie braucht, oder um Informationen über die Gefährlichkeit der Umwelt zu erhalten. Findet das Kleinkind die Bindungsperson nicht, wo es sie erwartet, stellen sich Trennungsangst und damit verbunden physiologische Stressreaktionen ein, die nur von der Bindungsperson und nicht von irgendeiner anderen freundlichen Person aufgehoben werden können. Entfernt sich die Bindungsperson zunächst vom Kind unbemerkt, so stellt sich trotz Spiel und Ablenkung früher oder später Unwohlsein, d. h. Vermissen ein, und das Kind beginnt nach ihr zu suchen. Dann ist keine Spielfreude mehr zu sehen.

Die Zuneigung, die Verlässlichkeit und die Hilfsbereitschaft der Bindungsperson und die ihr entgegengebrachte Liebe vom Kleinkind haben eine Reihe von regulierenden Funktionen:

1. Dadurch, dass sich das Kleinkind auf die Fürsorge der Bindungsperson verlassen kann, wenn es intensiv nach ihr ruft, lernt es, kleine Frustrationen und kurze Trennungen zu tolerieren. Solange es dem Kleinkind nicht sehr schlecht geht, helfen ihm dabei auch ein interessantes Spielangebot oder ein interessanter Spielpartner.

2. Aggressionen, Wutgefühle und frustrierte Wünsche, z. B. gegenüber einem Geschwister, einer nicht gelingenden Spieltätigkeit oder der zeitweiligen Abwesenheit einer geliebten Personen kann durch die beruhigende Einwirkung der Bindungsperson gemildert und für das Kind verträglich

gemacht werden. Aus Liebe und aus Vertrauen auf die Hilfe der Bindungsperson lernen Kinder ihre negativen Gefühle angemessen, aber nicht übertrieben auszudrücken. Fehlt die Bindungsperson, so fehlt dem Kleinkind der externe Regulator seiner intensiven Gefühle (Bowlby, 1979 a).

Die Bindungsforschung spricht von frühen Anzeichen von Selbstvertrauen und Selbstwertgefühl, wenn Kleinstkinder sich länger auf ein Ziel konzentrieren können, kleine Fehlschläge tolerieren können und kleine Frustrationen überwinden, da sie darauf vertrauen können, Hilfe zu bekommen, wenn sie deutlich darum bitten (Bowlby, 1979 b). Die Zurückhaltung der Bindungsperson, sich nicht in die Angelegenheiten des Kindes einzumischen, die es selbstständig lösen möchte, zeigt ihm auch, dass die Bindungsperson ihm vertraut und es für tüchtig hält. Zu starke Gängelung und beständiges Vorschreiben von Aktivitäten bedeuten für ein Kind, dass man ihm nicht zutraut, eigene Interessen zu entwickeln und diese selbständig zu verfolgen (Ainsworth et al., 1978).

Im zweiten und dritten Lebensjahr hat das Kleinkind längere Aufmerksamkeitsspannen und eine größere Toleranz für kurze Trennungen und größere Entfernungen von seinen Bindungspersonen. Aber auch jetzt noch ist sein Zeitverständnis sehr begrenzt, sodass es, wenn es ihm schlecht geht, sofort zurück zur bemutternden Person möchte. Im zweiten und dritten Jahr ist das Kleinkind noch immer stark seinen Gefühlen unterworfen. Wenn es Angst hat, sich unwohl fühlt oder durch ungewöhnliche Ereignisse verunsichert ist, kann es nicht neugierig sein, spielen oder sich bei Fremden Beruhigung holen. Ältere Spielpartner können ein 2-jähriges Kind zwar länger engagieren, ablenken und beschäftigen, aber nachhaltige Beruhigung können fremde Spielpartner nicht geben. Das Dilemma für diese jungen Kinder aus der Sicht der Bindungstheorie liegt darin, dass ein verängstigtes Kind die Spielangebote nicht annehmen kann, und dass eine Trennung von der Bindungsperson automatisch zur Verunsicherung führt. Aber bei Fremden sucht das Kleinkind auch keinen Trost. Unbekanntheit zwischen Kind und Betreuungsperson führt oft zu Unverständnis, und dieses bedeutet für das Kleinstkind das Gefühl der Untüchtigkeit, weil es mit seinen emotionalen und kommunikativen Signalen nicht das erreichen kann, was es erreichen möchte.

Einen großen Fortschritt in Richtung Autonomie machen die Kinder mit dem Spracherwerb und dem symbolischen Spiel. Im dritten Lebensjahr sind für die Kleinkinder Tagesroutinen erkennbar und im Gespräch werden oft Zeitwörter wie „nach dem Essen", „vor dem Schlafen" usw. gebraucht. Die Vorstellung und Erinnerung hilft den Kindern nun zu erkennen, dass die abwesende Bindungsperson nicht auf unverständliche Weise weg ist, sondern z. B. bei der Arbeit, die das Kind kennt. Im symbolischen Spiel sieht man häufig, dass Themen wie Mutter-Kind, Verlieren-Wiederfinden, Streiten-Vertragen usw. von den Kindern ausgespielt werden, sodass man die gedankliche Auseinandersetzung mit diesen Themen unmittelbar sehen kann. Viele Kinder sind mit $2^1/_2$ bis 3 Jahren gerne länger in Spielgruppen, auch ohne ihre Bindungsperson. Allerdings gibt es auch 3- bis 4-Jährige, die den Übergang zum Kindergarten nicht schaffen. Das sollte man individuell für jedes Kind feststellen.

Konsequenzen für die Krippenbetreuung

Aufgrund theoretischer und praktischer Überlegungen können wir davon ausgehen, dass die psychische Gesundheit eines Kindes dann nicht gefährdet ist, wenn es bei Leid, Unwohlsein und unerfüllten Bedürfnissen darauf vertrauen kann, dass es Hilfe und Beruhigung bekommt und weiß, wie es dies erreicht. Für das sehr kleine Kind, das noch wenig Erfahrung mit fremden Erwachsenen hat, und darum auch nicht abschätzen kann, ob diese für es wohlwollend und hilfsbereit sind, ist darum a) eine längere Übergangszeit von der Familie zur Krippe notwendig, und b) eine besondere Erzieherin, die sich vorwiegend um dieses eine Kind, „ihr neues Kind", kümmert.

In dieser Übergangszeit müssen dem Kind folgende Erfahrungen ermöglicht werden: 1. Diese Erzieherin in der Kindergruppe ist besonders nett zu ihm, ist ein zugewandter und feinfühliger Spielpartner und ist für das Kind ansprechbar. 2. Wenn das Kind verunsichert ist, wird es zunächst zur vertrauten Bindungsperson, ob Vater oder Mutter, laufen. Darum muss die Erzieherin und die Bindungsperson dem Kind zunehmend Gelegenheit geben, die Erzieherin als Trostspenderin zu erleben. Das kann sie zunächst bei kleinen Spielfrustrationen sein, zunehmend jedoch auch bei Streitigkeiten, bei Hunger und bei Müdigkeit. 3. Kritisch wird der Moment sein, wo das Kind erkennt, dass die Mutter oder der Vater es verlassen wird, zusammen mit dem Wissen, dass sie nicht unmittelbar zurückkehren werden. Dieser Abschied wird von kleinen Kindern meist zunächst mit Protest und Weinen beantwortet, weil sie am liebsten hätten, dass Vater oder Mutter da blieben. Wenn in diesen Momenten die Erzieherin ein Kind gut und nachhaltig trösten kann, und sich das Kind bei Abwesenheit seiner Eltern bei Trostbedürfnis an die Erzieherin wendet, kann man davon ausgehen, dass die Erzieherin zur neuen Sicherheitsbasis des Kindes geworden ist.

Wenn das Kind im Laufe der Eingewöhungszeit in einer Erzieherin eine neue Sicherheitsbasis gefunden hat, sodass es durch sein Verhalten deutlich macht, dass es Zutrauen zu ihr hat, dann gehen Kinderbeobachter davon aus, dass das Kind auch eine längere Trennung von den Eltern bewaltigen kann. Solange es ihm gut geht, wird es allein mit anderen Kindern spielen können. Sobald es ihm schlecht geht, wird es wissen, wo seine Trostquelle ist. Kann die Erzieherin es dann beruhigen und nicht nur ablenken, so wird es kaum zu physiologischen Stressreaktionen kommen. Hat das Kind in der Erzieherin dagegen noch keine Sicherheitsbasis gefunden, wird es bei Leid, Angst oder Traurigkeit sein Spiel- und Erkundungsverhalten einstellen, sich vielleicht in eine Ecke zurückziehen, keine

Spielangebote mehr annehmen und eventuell weinen oder nur teilnahmslos dasitzen. Kinder, die mit traurigem oder neutralem Gesicht ziellos umherwandern, sich für nichts interessieren, aber auch keine Anregung oder Trost suchen, lassen untrüglich erkennen, dass sie einerseits aufgegeben haben, nach Zuwendung zu suchen, sich andererseits aber auch nicht wohl genug fühlen, um sich dem Spiel oder ihrer Neugier zu widmen (Liebermann, 1978).

Um eine neue Sicherheitsbasis werden zu können, ist es für die Erzieherinnen allerdings wichtig, nicht allzu viele Kinder zu gleicher Zeit beaufsichtigen zu müssen und viel Zeit für ein neu einzugewöhnendes Kind zu haben. Dabei ist es wünschenswert, dass pro Erzieherin höchstens ein Kind pro Vierteljahr eingewöhnt wird, damit sie auch wirklich zur Stelle ist, wenn das Kind signalisiert, dass es Zuwendung und Trost braucht. Andererseits ist es wichtig für die Tageseinrichtung, den Müttern sehr frühzeitig klarzumachen, dass die Gewinnung einer neuen Sicherheitsbasis zwischen ein und drei Monaten dauert (Brazelton, 1986). So können die Mütter rechtzeitig mit der Eingewöhnung beginnen und müssen nicht zu Beginn ihrer Arbeitszeit von heute auf morgen ihr Kind schutzlos in eine fremde Umgebung, in fremde Hände und unter fremde Kinder geben. Erwachsene gehen zwar davon aus, dass den Kindern in einer Tageseinrichtung nichts Böses geschieht, aber das Kind wird trotzdem die Tageseinrichtung als fremd und bedrohlich erleben, sobald es von seinen Eltern als Sicherheitsbasis getrennt wird.

II. Entwicklung der sozialen interaktiven Fähigkeiten zwischen Kleinkindern gleichen Alters

Ein feinfühliger, kooperativer Umgang eines Erwachsenen mit einem Kleinkind setzt voraus, dass der Erwachsene in der Interaktion zunächst seine Bedürfnisse zurückstellt, die Verhaltensweisen des Kindes als Äußerungen seiner Wünsche und seiner Befindlichkeit interpretiert und bereit ist, darauf einzugehen, sodass es beiden gelingt, eine gute Interaktion aufrechtzuerhalten (Ainsworth et al., 1978). Diese Voraussetzungen sind bei gleichaltrigen Kleinkindern nicht gegeben. Für jedes kleine Kind steht sein eigenes Wünschen und Begehren im Zentrum, und es kann sein Verhalten noch nicht auf die Wünsche eines anderen abstellen (Mueller/Vandell, 1979). Andererseits zeigen schon Babys ein großes Interesse für andere Kinder, auch Kleinkinder, und versuchen sie nachzuahmen und sie zu erkunden, aber dieses Erkunden kann dem anderen auch manchmal wehtun. Geschieht etwas nicht nach den eigenen Wünschen, gelingt etwas nicht, oder ist Eifersucht im Spiel, dann kommt es schnell zu Kämpfen und Angriffen, bei denen meist der Stärkere siegt.

Kleinkinder können zwar Mitleid empfinden, aber nicht, wenn sie dabei auf etwas verzichten müssen. Gerechtigkeitssinn, Fairness, Teilen können und das Recht eines Schwächeren respektieren, müssen erst mühsam im Laufe der Vorschulzeit erlernt werden. Dabei ist der gegenseitige Prozess des Kennenlernens wichtig. Kinder, die häufig miteinander spielen, können einander besser vorhersagen, reagieren häufiger aufeinander und beginnen sich gegenseitig zu mögen, besonders wenn durch behutsame Überwachung von Erwachsenen schmerzliche Interaktionen wie Augenpieksen, Haareziehen und Beißen verhindert werden.

Gegenseitige Sympathie und frühe Freundschaften sind auch unter Kleinkindern zu beobachten. Eltern hören oft, dass ihr Kind besonders häufig von einem anderen Kind spricht, die beiden tagsüber viel zusammen spielen, und dass beide es schaffen, weniger Konflikte miteinander zu haben als mit anderen Kindern. Oftmals können sich die beiden Freunde oder Freundinnen sogar gegenseitig trösten, oder man merkt ihre Freundschaft besonders dann, wenn einer der beiden abwesend ist. Dann vermisst der eine den anderen so sehr und ist traurig, dass er selbst auch nicht zum Spielen kommt und unglücklicher und aggressiver ist, als wenn die Freundin anwesend ist.

Einen deutlichen Schub in der Interaktionsfähigkeit sieht man ab zwei Jahren, wenn die Kinder länger füreinander Aufmerksamkeit haben, das Prinzip des Sichabwechselns erkennen, und spezifisch auf die Äußerungen des anderen bereit sind, einzugehen. Dabei wiederholen sie gern dieselben Handlungsabläufe, wahrscheinlich weil es ihnen leichter fällt, wiederkehrende Abläufe vorherzusagen und abgestimmt auszuführen. In meinem Film über Interaktionen in einer Krippe sieht man zwei 2-Jährige, die sich lange damit beschäftigen, dass der eine dem anderen etwas aus einer leeren Tasse zu trinken gibt oder ihm symbolisch Wasser über den Kopf schüttet. Der andere lacht, fährt sich über das Gesicht, woraufhin der erste wiederum lacht. Diese Interaktionssequenz kommt in leichter Variation zwischen den beiden Kindern 23-mal vor (Grossmann, 1991). So lang andauernde gegenseitig erfreuliche Interaktionssequenzen waren aber insgesamt eher selten unter 2-Jährigen. Am besten konnten die knapp Dreijährigen miteinander spielen, aber auch da geschah es häufig, dass einer dem anderen etwas wegnahm, und wenn der Wegnehmende stärker war, traute sich der Verlierer nicht, sein Spielzeug zurückzuholen.

Konsequenzen für die Krippenbetreuung

a) Hilfen beim Konfliktlösen

Sobald ein Konflikt in den beobachteten Kindergruppen auftrat, war es in den allermeisten Fällen den Kindern nicht möglich, den Konflikt allein zu lösen. Es brauchte stets eine Erzieherin, die vermittelte, die jedem Kind zu seinem Recht verhalf, die auch die Tränen und die Wut besänftigte, sodass die Kinder anschließend weiterspielen konnten. Aus Zuneigung oder aus Freundlichkeit zur Erzieherin ließen sie sich meist überreden, eine kurze Zeit auf das begehrte Spielzeug zu verzichten. Aber diese Zuneigung zur Erzieherin und den Wunsch, von ihr gelobt und liebevoll in den Arm genommen zu werden, musste bei den Kindern bereits bestehen. Von einer fremden Erzieherin ließen sie sich nicht so leicht zu kooperativem Verhalten anleiten.

b) Geschütztes konzentriertes Spiel, Gespräche führen

Das ruhige Spiel eines Kindes und seine konzentrierte Auseinandersetzung mit schwierigen Tätigkeiten wird durch die Gruppe Gleichaltriger häufig gestört. Einige laufen und stoßen den Spielenden an und alle Aufmerksamkeitsrufe, Schreckrufe, Angstrufe und Weinen führen sofort zur Ablenkung, weil die Kinder sofort wissen wollen, ob etwas Schlimmes passiert ist. Das Rennen und Krachmachen anderer Kinder führt auch oft zum Verlassen der eigenen Tätigkeit und zum Nachahmen. Es braucht die Hilfe der Erzieherinnen, dass sich die Kinder bei einem Spiel konzentrieren können, entweder indem sich die Erzieherin daneben setzt und durch die gemeinsame Aufmerksamkeit Konzentrationshilfe leistet, oder dass sie dem Kind schlichtweg den Rücken frei hält, und andere Kinder davon abhält, „ihr" Kind beim Spiel zu stören. Diese Hilfe zur Konzentration wird aber um so schwieriger, je größer die Kindergruppe ist und je weniger Erwachsene sich für einzelne Kinder verantwortlich fühlen. In der Interaktion von älteren und jüngeren Kindern zog immer das jüngere Kind den Kürzeren, es konnte entweder gar nicht erst das begehrte Spielzeug erreichen oder es wurde ihm hinterher sofort weggenommen. Ich konnte filmen, wie ein 16 Monate altes Kind über einen ganzen Vormittag hinweg versuchte, auf einem bestimmten Fahrzeug zu fahren, aber dies Fahrzeug war sehr beliebt, und immer, wenn er es gerade gepackt hatte, kam ein älteres Kind und nahm es ihm weg. Da dieses Kind nicht lauthals protestierte und nicht um Hilfe rief, waren die Erzieherinnen auch nicht auf seine vergeblichen Bemühungen aufmerksam geworden.

Ein weiterer Punkt, warum das Zusammensein mit Gleichaltrigen die kognitive Entwicklung der Kleinkinder nur sehr begrenzt fördert, ist ihre mangelnde Sprachfähigkeit. Gleichaltrige Kleine bieten kaum ein Vorbild in der Sprachbeherrschung und noch weniger einen Gesprächspartner, der das Gespräch aufrechterhält und korrigiert. Je weniger Möglichkeiten die Kleinkinder haben, mit Erwachsenen ausführliche Gespräche zu führen, umso mehr sind sie auch in ihrer Sprachentwicklung zurück (Honig, 1985). Im ausführlichen Gespräch verbessert der Erwachsene – meist unbewusst – die Sprache des Kindes unauffällig durch variierte Wiederholung, engagiert das Kind mit elaborierten Formulierungen und Erläuterungen und gibt Rückmeldung, wenn die kindliche Mitteilung unverständlich war. Erzieherinnen, die aus Zeitmangel und Organisationsgründen den Kindern nur Anweisungen geben, sind in diesem Sinne keine wirklichen Gesprächspartner.

Als sehr gute Vorbilder im Spielen haben sich etwas ältere Kinder erwiesen, Kinder, die etwa 2 bis 3 Jahre älter sind als das Kleinkind. Sie werden gerne nachgeahmt, können ihr Verhalten zeitweilig auf das Verhalten des Kleinkindes abstimmen und sind oft sogar fürsorglich und mütterlich, wenn das Kleinkind noch ungeschickt ist. In Bezug auf die erwähnten sozialen Verhaltensweisen wäre also eine Altersmischung sehr wünschenswert, besonders in Kombination mit individueller Förderung, wenn den Erzieherinnen Zeit bleibt, sich ab und zu ganz auf den Entwicklungsstand eines Kindes in ihrem Spielprogramm einzustellen.

Zusammenfassend lässt sich sagen, dass die Förderung des Sozialverhaltens von Kleinkindern als Grund für eine Krippenbetreuung nicht stichhaltig ist (Hartup, 1983). Von der sozialen Interaktion mit vielen Gleichaltrigen profitieren die Kinder zwischen 0 und 3 Jahren – wenn überhaupt – nur minimal. Im Gegenteil, die Störanfälligkeit durch die Gruppe Gleichaltriger ist ungleich viel höher. Die sozialen Fähigkeiten, die die Kinder bis zum Alter von 3 Jahren lernen könnten, werden später sehr schnell im Kindergarten nachgelernt. In einer altersgemischten Gruppe könnten den Kindern geschwisterähnliche Beziehungen gelingen, aber auch diese müssen von den Erzieherinnen einfühlsam vermittelt werden, da Altruismus und Demokratie, besonders das Wahren der Rechte der Schwächeren, ein mühsamer Lernprozess aus Liebe zu bestimmten Erwachsenen ist (Lally et al., 1986).

III. Die emotionalen Anforderungen an die Erzieherinnen

Die Fürsorge, das Spiel und der tägliche Umgang mit Kindern im vorsprachlichen Alter lässt sich mit einer emotionalen Wechseldusche vergleichen. Bei Kleinstkindern wechselt der Zustand von Leid, Protest und Spielfreude oft sehr schnell, und ihre Gefühlsausdrücke erfordern unmittelbare Reaktionen. In einem Augenblick kann das Kind schmusend auf den Arm der Erzieherin wollen, im nächsten Moment will es herunter und allein spielen. Mal ist es auf sie wütend, weil sie etwas verbietet, mal braucht es ihre Hilfe im Streit mit seinem Nachbarn, und die Erzieherin muss vermitteln. Die Kleinkinder sind in ihren emotionalen Äußerungen meist direkt und unverblümt. Sie zeigen ihre Zuneigung, Ablehnung oder Zorn sehr offen. Sie strafen ihre liebste Erzieherin, die zu lange abwesend war, mit Nichtbeachtung und Vermeidung, und vermitteln ihr abwechselnd das Gefühl, unersetzbar und gleichzeitig hilflos zu sein.

Das eine Kind möchte mehr Ruhe und Körperkontakt, das andere Kind mochte toben, jagen und Körperspiele, und das dritte Kind möchte Konzentrationshilfe und Anleitung beim Bauen. Alle drei Kinder fordern ihre Bedürfnisbefriedigung gleich jetzt, und wegen des jungen Alters kann jedes Kind nur schlecht warten. Wenn aber ihre Bedürfnisse nicht befriedigt werden, fangen sie unter Umständen alle drei zur gleichen Zeit an zu weinen, oder die Unzufriedenheit der Kinder zeigt sich im Herumrennen, im

Teil 3

Unkonzentriertsein, in der Unfolgsamkeit und im ansteigenden Lärmpegel. Die Erzieherin sollte gleichzeitig trösten, lachen, schlichten, nicht beleidigt sein und schmusen können. Kann das jemand? Planende pädagogische Arbeit ist mit Krippenkindern nur in begrenztem Maße möglich. Gruppenarbeit, um etwas zu schneiden, malen oder basteln, ist in diesem Alter sehr schwierig, wenn man nicht streng autoriär vorgehen will. Stattdessen ist es eine Erzieherin als Sicherheitsbasis, die den Kleinkindern am ehesten nützt.

a) Wertschätzung der Arbeit und Selbstwertgefühl der Erzieherinnen

Wie soeben beschrieben, ist Arbeit mit Kleinkindern deswegen so anstrengend, weil sich die Befindlichkeit der Kinder schnell ändert, und die Erzieherinnen immer sofort reagieren müssen. Das wird oft weder von den Eltern noch von den Trägern gebührend anerkannt. Wegen der noch verbreiteten Meinung, dass kleine Kinder wenig brauchen, werden oft die Gruppen zu groß gemacht. Zudem ist das Gehalt der Krippenerzieherinnen geringer als das Gehalt von Kindergärtnerinnen oder gar Lehrerinnen trotz der Anforderung an ihre gesamte Persönlichkeit. Sie stehen in der sozialen Hierarchie weit unten, obwohl sie lange für ihren Beruf lernen müssen. Die Eltern behandeln darüber hinaus die Erzieherinnen häufig noch mit Ablehnung oder Eifersucht, weil die Erzieherinnen dafür bezahlt werden, dass sie den ganzen Tag „mit den Kinden spielen", während die Eltern arbeiten gehen müssen, um dafür Geld zu verdienen. Andererseits geht aus Berichten von Erzieherinnen über ihre Situation in Krippen hervor, dass viele ihre eigene Tageseinrichtung als so chaotisch und unerfreulich erleben, dass sie ihr eigenes Kind nicht hineingeben würden (Praecker, 1985). Das reflektiert dann auch ihr eigenes Selbstwertgefühl als Erzieherin in dieser Tageseinrichtung. Die Misere besteht vor allem darin, dass ihre Einschätzung durchaus richtig sein kann, weil ihre vorwiegend pädagogische Ausbildung ausgerechnet den emotionalen Gegebenheiten kaum gerecht wird (Frauenknecht/Irskens, 1979).

b) Soll sich die Erzieherin an einzelne Kinder binden?

Ein weiterer schwieriger Punkt in der Diskussion um die Erziehung von Kleinkindern ist die Frage nach Sympathie und Antipathie der Erzieherinnen zu einzelnen Kindern. Zu Anfang erlebt die Erzieherin oft, dass sie unfähig ist, ein weinendes Kind zu trösten. Einige Kleinkinder sind ihr auf Anhieb sympathischer als andere, aber ihr Auftrag als Erzieherin lässt solche Gefühle meist nicht zu. Hat das Kleinkind aufgrund guter Erfahrungen mit der Erzieherin schließlich so viel Zuneigung zu ihr gefasst, dass es gern mit ihr schmust, bei ihr Trost und Hilfe sucht, traurig ist, wenn sie nicht da ist und sich freut, wenn sie wiederkommt, ja dass es sogar eifersüchtig auf andere Kinder ist, die von der Erzieherin ebenfalls mit Zuneigung bedacht werden, dann hat auch meistens die Erzieherin dieses Kind in ihr Herz geschlossen. Wenn dann das Kind in eine andere Gruppe wechselt oder aus der Tageseinrichtung genommen wird, so ist dies auch eine schmerzliche Trennung für die Erzieherin und nicht nur für das Kind.

Erzieherinnen mit langjähriger Krippenerfahrung stehen vor dem Konflikt, entweder keine Bindungen mehr zu Kindern einzugehen, oder sie leiden jedesmal wieder unter der Trennung von einem besonderen kleinen Liebling. Die Mehrheit der Erzieherinnen entscheidet sich jedoch für die persönliche Distanz, um nicht bei künftigen Trennungen wieder leiden zu müssen. Damit wird aber in Frage gestellt, ob das Kind in der Erzieherin eine liebevolle Sicherheitsbasis findet. Wenn die Erzieherin nicht bereit ist, ein emotionales Engagement mit einem Kind einzugehen, wird das Kind es natürlich spüren und sich bei Traurigkeit und Leid nicht an diese Erzieherin wenden. Wenn ihm auch keine andere Erzieherin Zuwendung und Sympathie entgegenbringt, dann wird es allein bleiben mit seinem Schmerz. Damit wiederum wäre dem Kind die Möglichkeit genommen, Leid zu verarbeiten, und es würde wahrscheinlich länger im Stress verharren, als dies mit angemessenem Trost der Fall wäre. Emotional distanzierte Erzieherinnen können trotzdem „offiziell" gut für die Kinder sorgen, eine saubere Tageseinrichtung, gutes Essen und vielerlei Spielmöglichkeiten bieten, aber die emotionalen Bedürfnisse der Kinder würden sie nicht erfüllen können. Dann wäre aber der Krippenbesuch noch weniger empfehlenswert.

Auch für die Eltern hat ein erhöhtes Stressniveau ihres Kindes während des ganzen Tages unangenehme Auswirkungen am Abend. Nach dem Krippenbesuch sind diese Kinder unzufrieden, schlafen vielleicht schlecht, sind quengeliger und genießen das Zusammensein mit den Eltern weniger, als wenn der Tag für sie befriedigend gelaufen ist (Lahikainen/Sundquist, 1979). Wenn es den Eltern in der verbleibenden Zeit immer seltener gelingt, mit ihren Kleinkindern erfreuliche, entspannte und fröhliche Interaktionen zu erleben, dann werden sie die Kinder zunehmend als Belastung, Einschränkung und als Ursache ihres eigenen Stresses erleben, was die Eltern-Kind-Beziehung beeinträchtigt.

IV.   Erkennungsmerkmale einer guten Betreuung

Die in den vorangegangenen drei Abschnitten zusammengetragenen Beobachtungen, theoretischen Überlegungen und Forschungsergebnisse müssen für den Einzelfall jedes Kindes überprüft werden. Die großen individuellen Unterschiede zwischen Kindern, die zwischen höchster Empfindsamkeit und belastbarer Robustheit anzusiedeln sind, machen es unbedingt erforderlich, die Qualität einer Krippenbetreuung am Verhalten der darin betreuten Kinder festzustellen. Um die Definition von Gütekriterien hat man sich in zahlreichen Krippenqualitätsprojekten vor allem in den USA bemüht (z. B. Scarr, 1987; Honig, 1983; Lerner, 1985). Immer wieder werden dabei die folgenden Verhaltensmerkmale als Gütekriterien hervorgehoben. Beispiele für solche Gütekriterien finden sich auf dem Demonstrationsvideoband, das ich 1991 zusammengestellt habe (Grossmann, 1991).

1. Das Kind geht gern und freiwillig hin

Hinter dieser Beobachtung steht das Konzept der freiwilligen und unfreiwilligen Trennung. Ein Kind, das sich aus Neugier und Freude an der Umgebung von seiner Mutter löst, geht freiwillig und wird keine Trennungsängste zeigen. Ein Kind, das in eine beängstigende Umgebung entlassen wird, wird versuchen, durch intensiveres Bindungsverhalten, Trennungsprotest und Weinen die Trennung von der Mutter zu verhindern. Das Konzept der Eigenkontrolle über das, was mit dem Kind geschieht, spielt eine Rolle: Bei freiwilliger Trennung hat das Kind das Gefühl, es könne diese Trennung nach freiem Willen auch wieder beenden. Wird ein Kind abgeschoben, d. h. unfreiwillig getrennt, hat es andererseits den Eindruck, dass diese Trennung auch von ihm nicht wieder rückgängig gemacht werden kann.

2. Die Kinder der Tageseinrichtung spielen, beschäftigen sich, und man sieht wenig zielloses Umherwandern

Im ziellosen Umherwandern sehen alle Beobachter von Kleinkindeinrichtungen ein Zeichen des Unwohlseins der Kinder, das sie nicht durch Weinen oder Protest ausdrücken, sondern das sich allein in mangelnder Spielfreude zeigt. Beim ziellosen Umherwandern kann es vorkommen, dass Spiele anderer gestört werden, dass sich das Kind verkriecht und soziale Interaktionen meidet, oder dass ihm einfach nichts gelingen will, weil andere jeweils schneller begehrte Spielsachen wegschnappen. Es kann auch an einem zu großen Lärmpegel liegen, sodass sich die Kinder auf nichts konzentrieren können.

3. Den Kindern gelingt Parallelspiel oder gar Kooperation ohne allzu viele Aggression

Hinter kooperativen Kleinkindern stehen oft behutsame, einfühlsame Interventionen der Erzieherinnen, die merken, wann zwei Kinder aneinandergeraten, und die solche aufkommenden Streitigkeiten mildern oder schlichten können. Es spricht für eine Tageseinrichtung, wenn die Kinder sich mögen und Spielsachen finden, die sie gemeinsam interessieren. Ein weiteres gutes Zeichen ist, dass sie kleine Frustrationen ertragen können, ohne gleich aggressiv aneinanderzugeraten. Diese Frustrationstoleranz kann sowohl vom Elternhaus als auch von den Erzieherinnen durch milde, besänftigende Worte, durch erklärende und vermittelnde Erläuterungen und durch körperliche Zärtlichkeiten für beide Streitenden eingeübt werden.

4. Erzieherinnen werden spontan von den Kindern angesprochen in der Erwartung, dass diese freundlich antworten oder helfen

Darin sieht man die Zuversicht der Kinder, dass die Erzieherinnen ihnen zur Verfügung stehen. Eine häufige Beobachtung ist folgende: Je häufiger die Erzieherinnen am Boden hocken oder sitzen und je weniger sie geschäftig umherwandern, umso häufiger trauen sich die Kinder, die Erzieherinnen auch anzusprechen. Die Betonung von Gehorsam und von Gruppenaktivitäten unterdrücken spontane Zuwendungen, während mitspielen oder einfach nur aufmerksam dasitzen die Zuwendungen der Kinder geradezu einladen.

5. Sobald ein Kind weint, sucht es Trost bei einer Erzieherin

Man kann gut beobachten, ob Kinder spontan zu einer Erzieherin hinlaufen und sich Trost suchen oder ob sie sitzen, weinen und hilflos scheinen, und keinen Zugang zu einer Sicherheitsbasis haben. Daraus kann man schließen, dass sie in den Erzieherinnen keine Vertrauensperson gefunden haben. Wenn ein Kind ein anderes beißt, an den Haaren zieht oder schlägt, und wenn das Opfer weint, dann brauchen sehr häufig beide Kinder Trost. Der Angreifer braucht Trost, weil er wahrscheinlich nicht verletzen wollte und erschrocken ist über das Leid, das er dem anderen zugefügt hat. Der Angegriffene braucht Trost, weil er nicht nur Schmerz empfindet, sondern seinen Spielpartner als Aggressor erlebt hat. Sieht man beide Kinder zur Erzieherin laufen oder sie herbeirufen, so kann man daraus schließen, dass sie sich vertrauensvoll um Vermittlung und Beruhigung an die Erzieherin wenden, und dass dieses eine Erfahrung ist, die bereits ein fester Bestandteil ihres Verhaltens geworden ist.

6. Die Erzieherin kann erfolgreich Streit schlichten

Bemüht sich eine Erzieherin, beim Streit zweier Kleinkinder zu vermitteln und kann sie die beiden überzeugen, das Spielzeug abwechselnd zu benutzen oder etwas zu teilen, so kann man annehmen, dass die Kinder gute Erfahrung mit dieser Art von Vermittlung der Erzieherin gemacht haben. Sie sind mehr an der Zuneigung und dem Lob der Erzieherin interessiert als am Besitz des Spielzeugs. Sie können aus Zuneigung zur Erzieherin ihr unmittelbares Bedürfnis beherrschen. Eine Vermittlung gelingt einer Erzieherin umso besser, je früher sie in den Streit eingreifen kann, und je häufiger jedes Kind die Vorteile einvernehmlichen Handelns erfährt.

7. Lärm und Konzentration

Am Lärmpegel bzw. an der Anzahl der Kinder, die längere konzentrierte Spielphasen haben, lässt sich ablesen, wie weit es den Erzieherinnen gelingt, jedes Kind zu seinem Recht als spielendes, neugieriges Wesen kommen zu lassen. Kinder können zwar mehr Lärm ertragen als vielleicht manche Erwachsene, aber plötzliche Schreie, Rufe, Weinen, starker rhythmischer Lärm, Türenschlagen und Metallgeklirre lenken auch das robusteste Kind von seinem Spiel ab. Je häufiger die Erzieherinnen den Kindern eine störungsfreie Spielphase ermöglichen, desto mehr wirkt sich das auch beruhigend auf die ganze Gruppe aus. Natürlich sollten ruhige Spielphasen mit Tobespielen abwechseln, auch Tanz- und Körperspiele sind sehr beliebt, aber diese sind jeweils für die Kinder so gut vorhersagbar, dass deren Lärm nicht als unangenehm, sondern als spielförderlich erlebt wird.

8. Die generelle Stimmung der Kinder zeigt ihr gesamtes Befinden

Wird wenig geweint, häufiger gelacht, haben die Kinder Freude aneinander und empfinden sie sich nicht als Feinde, gegen die man sich wehren muss, so ist es den Erziehernnnen gelungen, ein gutes Zusammengehörigkeitsgefühl unter den Kindern zu wecken. Eine Stimmung, die zeigt, dass die Kinder aus Angst vor Strafe brav und leise sind, teilt sich schnell einem Beobachter mit. Wenn jedes Kind der Zuneigung der Erzieherinnen sicher sein kann, dann sind sie auch toleranter gegenüber Zärtlichkeitsbezeugungen der Erzieherinnen anderen Kindern gegenüber, und es wird sich weniger Eifersucht um die Zuwendung der Erzieherin zeigen. Es konnte häufig beobachtet werden, dass, sobald sich eine Erzieherin einer kleinen Gruppe mit einem großen Bilderbuch nähert, sich alle Kinder um sie herumscharten. Sie saßen auf ihrem Schoß, schmiegten sich an ihre Beine und schauten über ihre Schulter, sodass fünf Kinder gleichzeitig, ohne aufeinander eifersüchtig zu sein, den Erzählungen der Erzieherin über die Bilder im Buch gebannt folgen konnten.

9. Jedes Kind möchte ab und zu die ungeteilte Aufmerksamkeit der Erzieherin für sich haben und dabei Zärtlichkeit, Nähe, Lachen und individuelle Zuwendung erfahren

Individuelle Zeit für Zuwendung ist am ehesten während des Windelwechselns zu erreichen. Sie kann dabei auch mit Körper- und Kitzelspielen angereichert werden. Diese Zeit, die sich die Erzieherin für sich und ihr Kind gönnt, muss allerdings von einer Kollegin aufgefangen werden, sodass die übrigen Kinder in dieser Zeit nicht unbeaufsichtigt bleiben. Die Kinder wollen auch nicht jedesmal längere Zeit beim Windelwechseln verbringen, aber sehr häufig kann man beobachten, wie sie es genießen, einmal die Erzieherin ganz für sich allein zu haben.

10. Zeigen einzelne Kinder stereotype Verhaltensweisen?

Stereotypien sind immer ein Anzeichen von Beziehungs- und Anregungsmangel. Sie waren am ausgeprägtesten in den früheren Hospitalismusstudien bei Heimkindern und sogar bei isolierten Äffchen zu beobachten (Spitz, 1945). Wird in einer Tageseinrichtung beobachtet, dass die Kinder rhythmische, freudlose Bewegungen ausführen, stereotyp an Kopf, Haaren oder Kleidern zupfen und viel an Daumen, Flaschen oder Schnullern lutschen, so müssen sich die Erzieherinnen fragen, ob sie genug individuelle Zeit für jedes Kind aufbringen. Es kann durchaus vorkommen, dass ein Kind in seiner häuslichen Umgebung viel allein gelassen wird und bereits mit der Neigung zu stereotypem Verhalten in die Tageseinrichtung aufgenommen wird. Trotzdem kann die Tageseinrichtung dafür sorgen, dass dieses Verhalten nicht noch verstärkt, sondern, wenn möglich, gemildert wird.

Wie schon eingangs beschrieben, gibt es auch im Kleinkindalter so etwas wie Depression, d. h., dass Kinder aufgehört haben, ihre Gefühle anderen gegenüber auszudrücken. Es wäre schlimm, wenn in der Krippe die Erzieherinnen dieses Kind für anspruchslos hielten und sich darum nicht um das Kind kümmerten. Erzieherinnen erleben zwar Kinder, die viel weinen, als anstrengender und schwieriger; umgekehrt muss man jedoch sehen, dass Kinder, die sich so klar äußern, auch wirklich mehr Zuwendung bekommen als Kinder, die ihr Leid verstecken und anderen nicht zeigen. Insofern funktioniert Weinen als Signal bei Leid sehr gut, und wird darum von Verhaltensbeobachtern im Sinne der sozialen Kompetenz von Kleinstkindern positiv bewertet. Allerdings darf Weinen und Unzufriedensein nicht allzu lange andauern. Dies würde nämlich bedeuten, dass die Erzieher als Tröstende uneffektiv sind.

11. Versuchen Kinder auf unangenehme Weise die Zuwendung und Aufmerksamkeit ihrer Erzieherinnen zu erhalten?

Nicht alle Kinder zeigen ihr Trostbedürfnis durch Weinen und Anklammern, sondern viele versuchen durch aufmerksamkeitheischendes Verhalten, d. h. durch lautes Toben, durch Drangsalieren anderer Kinder oder durch übertrieben dramatisiertes Lärmen beim Spielen die Aufmerksamkeit der Erzieherin auf sich zu lenken. Zu viel aufmerksamkeitheischendes Verhalten der Kinder zeigt dem Beobachter, dass sie offensichtlich zu dramatischen Verhaltensweisen greifen müssen, weil die Erzieherinnen weniger auffälliges Verhalten nicht durch ihre Aufmerksamkeit belohnen. Eine Erzieherin, die sich häufiger um ein einzelnes Kind kümmert, auch ohne dass dieses Kind ausdrücklich darum gebeten hat, und die dies zurückhaltend und behutsam tut, z. B. durch ein Lob, durch eine zärtliche Geste oder einfach nur durch ihre Aufmerksamkeit, macht den Kindern deutlich, dass sie Interesse an ihnen hat. Diese Kinder brauchen dann nicht periodisch ihr Spiel zu unterbrechen, um etwas Zuwendung von der Erzieherin zu bekommen.

12. Effektivität und Güte von Krisenbewältigungen

Dies ist ein wichtiges Qualitätsmerkmal einer Tageseinrichtung. Krisen wird es immer wieder geben, aber die Fähigkeit, mit Krisen gut und insofern effektiv umzugehen, als dass nicht eine Krise automatisch eine nächste nach sich zieht, kennzeichnet eine gute Beziehung zwischen Kindern und Erzieherinnen. Es kommen nicht nur zwischen Kindern Konflikte vor, sondern auch zwischen den Erzieherinnen. Solche Animositäten zeigen sich u. a. in der Nervosität der Kinder oder gar in gehäuften Unfällen. Erzieherinnen, die sich aus dem Weg gehen, die sich streiten oder gegenseitig ihre Entscheidungen in Frage stellen, konzentrieren sich mehr aufeinander als auf die Kinder. Diese Ablenkung merken die Kinder, und wenn diese Ablenkungen gar in Aggressionen zwischen den Erzieherinnen ausarten, bekommen die Kinder Angst. Insofern ist nicht zuletzt auch das Betriebsklima der Tageseinrichtung und die positiven Umgangsformen der Erzieherinnen untereinander ein wesentliches Gütemerkmal einer Tageseinrichtung.

Tageseinrichtungen, die diese Liste von Gütekriterien erfüllen, wird auch der schärfste Kritiker nicht als „Parkplatz für Kinder" bezeichnen können.[Fn.1]

Dr. phil. Karin Grossmann, Dipl.-Psych.,
Universität Regensburg

---

1. Dieser Beitrag ist eine gekürzte Zusammenfassung folgender Veröffentlichungen: Grossmann, K. (1999). Merkmale einer guten Gruppenbetreuung für Kinder unter drei Jahren im Sinne der Bindungstheorie und ihre Anwendung auf berufsbegleitende Supervision. In: Deutscher Familienverband (Hrsg). Handbuch Elternbildung. Band 2: Wissenswertes im zweiten bis vierten Lebensjahr des Kindes (165–184). Opladen: Leske & Budrich. Grossmann, K./Grossmann, K. E. (1998). Bindungstheoretische Überlegungen zur Krippenbetreuung. In: Ahnert, L. (Hrsg.). Tagesbetreuung für Kinder unter 3 Jahren – Theorien und Tatsachen, 69–81. Bern: Huber. Grossmann, K./Grossmann, K. E. (2004). Bindungen – Das Gefüge psychischer Sicherheit. Stuttgart: Klett-Cotta.

Teil 4 Eingewöhnung

Teil 4

4.1 Mindmap Eingewöhnung

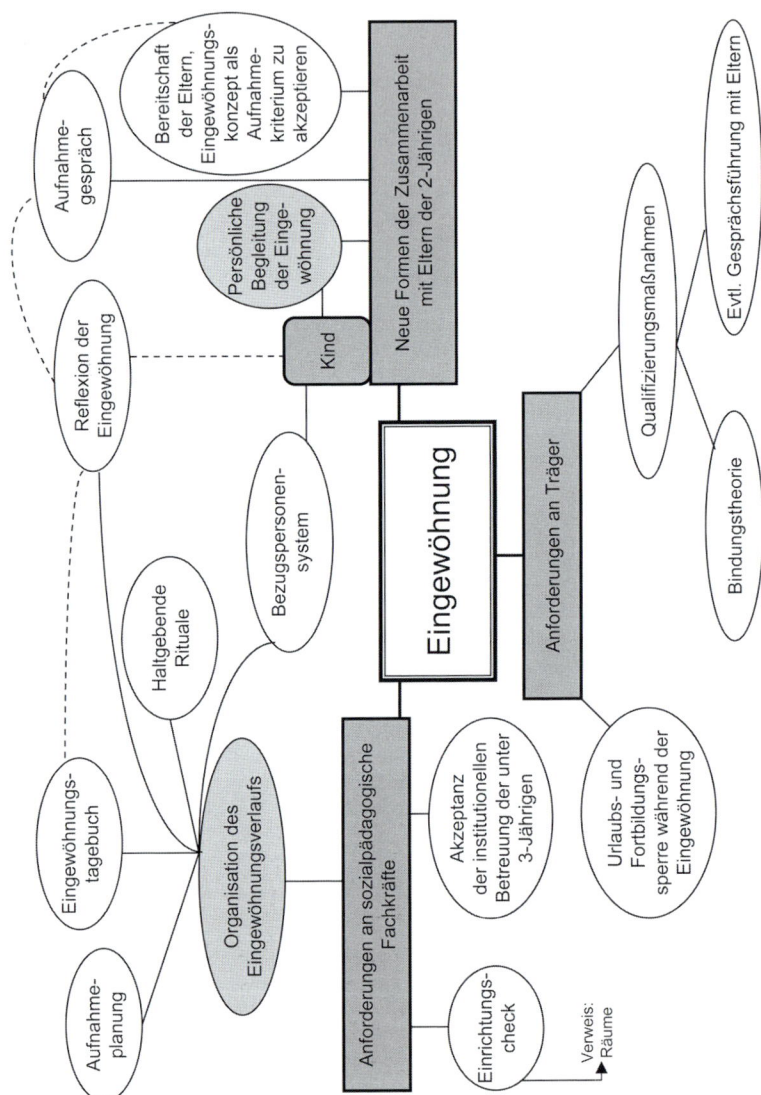

Kercher/Höhn, KiGa 2 Plus – Zweijährige im Kindergarten

4.2 Mindmap Beziehungsdreieck

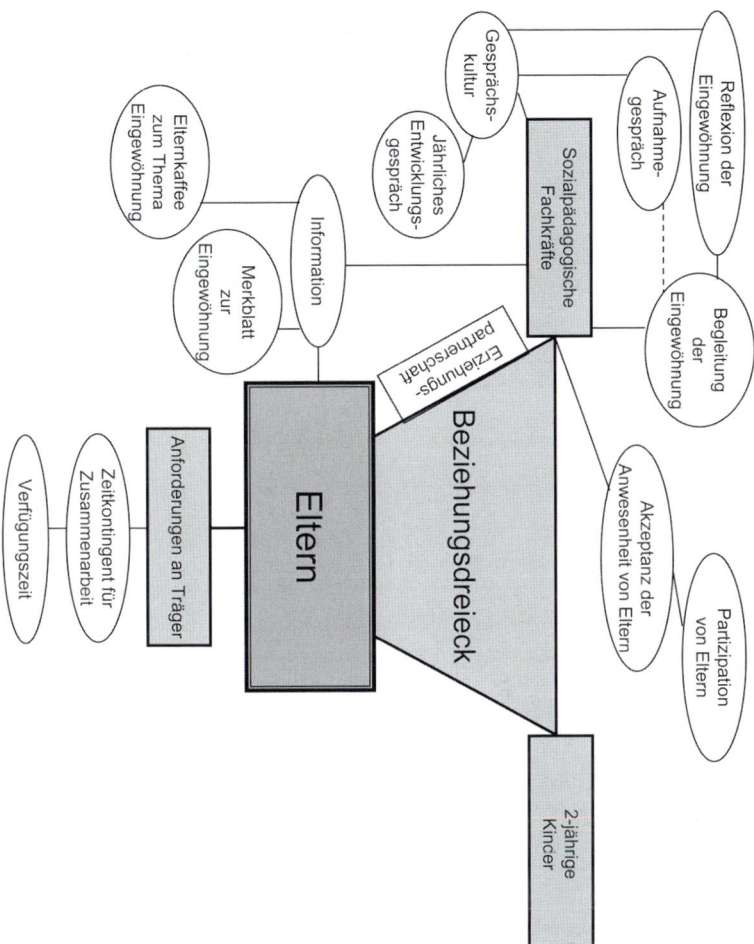

Hinweis:

Die Mindmaps stehen Ihnen auf unserer zur Loseblatt-Sammlung gehörenden CD-ROM unter der Kennzahl 60.20 animiert zur Verfügung.

Sie können die Diagramme so per Mausklick Schritt für Schritt aufbauen und einem Publikum zeigen.

4.3 Übergänge gestalten als grundlegende pädagogische Aufgabe

Es gibt viele Übergangssituationen im Leben, die bewältigt werden, wenn eine Brücke zwischen der alten und der neuen Lebenssituation entstehen kann.

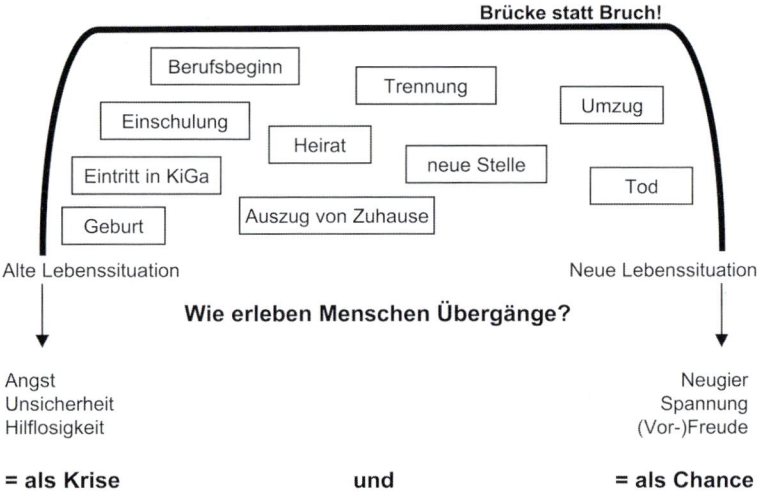

Wie erleben Menschen Übergänge?

Angst
Unsicherheit
Hilflosigkeit

Neugier
Spannung
(Vor-)Freude

= als Krise   und   **= als Chance**

**Welche traditionellen Stützen gab und gibt es
in verschiedenen Kulturen, um Menschen
Übergänge zu erleichtern?**

Aussteuer, Grabbeigaben

Abschiedsfeste

Begleitung durch Vertraute

einen neuen Platz

Einübung durch Erfahrene

Initiations-, Empfangsriten

Diese traditionellen Weisen, Übergänge zu gestalten,
sind gekennzeichnet durch:

Rituale
Langsamkeit
Begleitung

Warum?
„Eine allmähliche Veränderung erlaubt es einer Person, sich aktiv
mit der neuen Situation auseinanderzusetzen. Abrupte plötzliche
Veränderungen versetzen den Betroffenen in eine passive und
hilflose Position." (K. Beller)

4.4 Auf einen Blick: Verlauf Eingewöhnungsprozess (entwickelt nach dem Berliner Eingewöhnungsmodell)

Vorgespräch   über Kind, Eingewöhnungsverlauf und Rolle/Funktion von Eltern, Erzieherin und Rituale

Grundphase: 3 Tage **volle Anwesenheit der Eltern** (als „sichere Basis"), Anwesenheit max. 2 Stunden

Behutsamer Bindungsaufbau Bezugserzieherin/Kind

Täglicher Austausch Erzieherin mit Elternteil: Wie läuft es? Ausblick auf nächsten Tag

Erster Trennungsversuch   am 4. Tag (außer, dieser wäre ein Montag, dann am Dienstag): **Abschied nehmen**, nicht wegschleichen!

Je nach Verlauf: **kürzere Eingewöhnung (ca. 6 Kindergartentage):**
- wenn das Kind sich nach Abschied von der Erzieherin beruhigen ließ
- wenn das Kind sich während der Trennung für seine Umgebung interessierte
- wenn Mutter/Vater das Kind loslassen konnte

oder längere Eingewöhnung (ca. 10 Kindergartentage oder mehr):
- wenn das Kind sich nach Trennung nicht beruhigte und Mutter/Vater nach wenigen

Minuten geholt wurden ➝ nochmals Tage mit Elternanwesenheit vor erneutem Trennungsversuch

Stabilisierungsphase:
– Täglich **schrittweise abnehmende Elternanwesenheit**
– Schrittweise gesteigerte Anwesenheit des Kindes
– Schrittweise Übernahme des Wickelns durch Erzieherin
– Wichtig: Rituale, Übergangsobjekte, tel. Erreichbarkeit der Eltern
– Kind exploriert neue Umgebung und kommuniziert

Abschluss:
– **Kind lässt sich von Erzieherin beruhigen** bei Abschied und Kummer
– **Abschlussgespräch** mit den Eltern. Weiteres Elterngespräch nach ca. 2 Monaten: Wie hat sich das Kind in der Gruppe eingewöhnt?

Über den gesamten Verlauf **Eingewöhnungstagebuch** führen!

4.5 Grundlagen der Eingewöhnung

> **„Mit einem Kind freundlich umzugehen reicht nicht aus. Damit sich das Kind wohl und geborgen fühlt, müssen ihm die Personen, die es betreuen, vertraut sein. Eine Vertrauensbeziehung aufzubauen und zu erhalten, braucht Zeit. (…) Je jünger ein Kind ist, desto mehr Zeit benötigt es, um eine Bindung einzugehen …"**

Largo, R.: Kinderjahre. Die Individualität des Kindes als erzieherische Herausforderung. 5. Aufl., München/Zürich 2000, S. 161

Ob eine Bindung zustande kommt, hängt nicht von der Daueranwesenheit einer Person ab, entscheidend ist vielmehr „die Fähigkeit, die jeweils vom Kind geäußerten affektiven, sozialen und kognitiven Bedürfnisse wahrzunehmen und ihnen zu entsprechen" (Zehnter Kinder- und Jugendbericht 1998, S. 36).

Gefragt sind also sowohl förderliche Rahmenbedingungen für diese Sensitivität als auch persönliche Kompetenz aufseiten der Fachkraft. Dazu gehört Wissen über die **unverzichtbare Beteiligung der Eltern am Einge-**

wöhnungsprozess und die Akzeptanz dieser engen Zusammenarbeit mit ihnen.

Das Eingewöhnungsmodell des Instituts INFANS wurde Ende der 1980er-Jahre auf der Grundlage von Praxisforschung entwickelt. Es ist in Fachkreisen unumstritten und gibt klar begründete Hinweise zum Ablauf einer wünschenswerten Eingewöhnung:

Kurzinformation: Die Empfehlungen des Instituts INFANS

Der **Übergang** von Familie in Fremdbetreuung bedeutet für kleine Kinder eine erhebliche Herausforderung, die mit **Stress** wegen all des Neuen verbunden sein kann ➟ Kinder im Krippenalter sind auf jeden Fall **ohne Unterstützung ihrer Eltern damit überfordert** (➟ erhöhte Erkrankungsraten, Entwicklungsverzögerungen, Bindungsunsicherheit).

Erklärung: Eltern als Hauptbindungspersonen des Kindes stellen ein „mobiles Nest" oder eine „sichere Basis" für das Kind in unbekannter Umgebung dar. Wenn es sich überfordert fühlt, aktiviert es sein Bindungsverhalten: rufen, weinen, hinlaufen, anklammern, u. Ä. Ohne Eltern läuft dieses Verhalten ins Leere, das ängstigt das Kind ➟ es kann seine neue Umgebung nicht erforschen.

Konsequenz: Mutter oder Vater müssen für ein paar Tage mit dabei sein, bis das Kind zur eingewöhnenden Erzieherin eine bindungsähnliche Beziehung aufgebaut hat und diese dann als sichere Basis akzeptiert.

– Dauer einer solchen Eingewöhnung: in den meisten Fällen 14 Tage, bei manchen Kindern reichen 6 Tage, in Einzelfällen sind 3 Wochen erforderlich.

– Eltern können und sollten sich, wenn sie mit dabei sind, im Hintergrund halten. Ihre reine Anwesenheit reicht.

– Ein erster Trennungsversuch sollte nicht vor dem 4. Tag erfolgen (und keinesfalls direkt nach dem Wochenende: montags nie etwas Neues einführen!). Schrittweise kann die Trennungszeit ausgedehnt werden.

– Mutter oder Vater dürfen keinesfalls ohne Abschied gehen.

– Die Eingewöhnung ist abgeschlossen, wenn das Kind sich von der Erzieherin bei Kummer trösten lässt.

– In den ersten sechs bis acht Wochen sollten Eltern ihr Kind nicht mehr als halbtags betreuen lassen.

Nach: H.-J. Laewen, B. Andres, E. Hedervari, Ohne Eltern geht es nicht. 4. Aufl., Beltz GmbH, Julius, Weinheim, 2006

Die hier sehr kurz zusammengefasste INFANS-Broschüre sollte jedes Team, das 2-jährige Kinder aufnimmt, vorab erhalten. Sie ist überaus klar und verständlich geschrieben und eignet sich auch zur Weitergabe an Eltern.

Hintergrundinformation: Die Begriffe „Bezugsperson" und „Bindungsperson":

Bindung bezeichnet eine *bestimmte* Art von Beziehung: Bindung ist unsichtbar, innerpsychisch und bezeichnet die **emotionale Verbindung** zu einem Menschen, die für das kleine Kind inneren Halt herstellt sowie ein inneres Bild von Bindung („inneres Arbeitsmodell") schafft.

Bindung kann nicht organisiert werden, sie **entwickelt sich** aufgrund von wechselseitigen Signalen. Sie endet nicht gleichzeitig mit Ende der Interaktion durch z. B. Trennung. (Jeder kennt die Erfahrung, dass Bindung an geliebte Menschen sogar über den Tod hinaus anhalten kann!)

Die Bindung zwischen Eltern und Säugling entwickelt sich interaktiv:
- Das Baby zeigt **Bindungsverhalten**: Das sind Signale wie Blickkontakt, (Auf-)Suchen der Bindungsperson, Anklammern, Hinterherkrabbeln oder -laufen, Weinen.
- Diese Signale sind imstande, bei den Eltern **Versorgungsverhalten** auszulösen.

Dieses wiederum verstärkt das kindliche Bindungsverhalten.

Kleine Kinder bauen (laut Ainsworth) besonders zu solchen Personen eine Bindung auf, die **Feinfühligkeit** (sensitivity) zeigen, das heißt zu Personen, die:
- die Signale des Kindes wahrnehmen,
- diese Signale richtig deuten und
- sie angemessen und prompt beantworten.

(bei besonders kleinen Kindern mit kurzer Aufmerksamkeitsspanne wichtig)

Was ist nun eine Bindungsperson?

Eine Bindungsperson ist ein Mensch, dessen Abwesenheit oder Ferne beim Kind Bindungsverhalten auslöst, und die bei Kummer herbeigerufen oder aufgesucht wird. (nach Spangler/Zimmermann 1995)

Was unterscheidet Bezugsperson und Bindungsperson?

Mit Bezugsperson wird eine für das Kind zuständige Person bezeichnet. Sie *kann* gleichzeitig eine Bindungsperson sein, ist es aber nicht allein aufgrund ihrer Verantwortung für ein Kind. Zuständigkeit kann organisiert werden. Ob eine Bezugsperson zu einer Bindungsperson wird, hängt dagegen vom Entstehen einer Bindung ab (s. o.).

4.6 Faktoren für das Gelingen des Bindungsaufbaus in der Kindertageseinrichtung

■ **Sicherer Rahmen durch Beteiligung der Eltern**
(→ Haltung, Wissen notwendig)

■ **Anbieten einer Bezugsperson** (→ Bindungsaufbau)
(→ Haltung, Wissen, Organisation notwendig)

■ **Verfügbarkeit der neuen Bindungsperson**
(→ persönliche Kompetenz, Organisation erforderlich)

■ **Feinfühligkeit der neuen Bindungsperson**
(→ durch persönliche Kompetenz, Qualifizierung)

■ **Entlastung der Bezugs-/Bindungsperson**
(→ durch Rahmenbedingungen für die Eingewöhnung: Organisation, Regelungen, Personalausstattung, Zeitkontingent)

4.7 Was gewinnt die gesamte Tageseinrichtung durch einen gut gestalteten Eingewöhnungsprozess?

Kennen lernen der Eltern

Vertrauen der Eltern → mehr Offenheit

Einblick der Eltern → erhöhte Wertschätzung der päd. Arbeit

Mehr Austausch mit Eltern → bessere Kommunikation

Gute Basis für Elterngespräche → Erziehungspartnerschaft

Vertrauen der Kinder → Bildungsvoraussetzung

Weniger Krankheitsanfälligkeit

Sensibilität der Größeren → Sozialentwicklung

Mehr Chancen zur Früherkennung → frühe Hilfen

Klare Strukturen (Rituale)

Team als soziales Netz (vgl. K. Beller 2002)

Klare Arbeitsteilung im Team → Entlastung

Absprachen und Informationsfluss

Mehr Austausch

Mehr Reflexion

4.8 Instrumente für die Gestaltung der individuellen Eingewöhnungsphase

■ Leitfaden Aufnahmegespräch

■ Muster für einen Elternbrief

■ Leitfaden Aufnahmegespräch für Kinder unter 1 Jahr

■ Formular Aufnahmeplanung

■ Eingewöhnungstagebuch

■ Reflexion des Eingewöhnungsverlaufs aus Sicht der sozialpädagogischen Fachkraft

■ Reflexion des Eingewöhnungsverlaufs aus Sicht der Eltern

■ Muster für eine Informationsbroschüre zur Eingewöhnung

Teil 4

Um Ihnen die Begleitung des Kindes in seinen ersten Tagen in Ihrer Tageseinrichtung/Ihrem Kindergarten zu erleichtern, wurden in der Praxis verschiedene Instrumente entwickelt.

Auszugsweise haben wir Ihnen für
– die Aufnahme
– die Dokumentation des Eingewöhnungsverlaufs
– die Reflexion

Instrumente hier mit abgedruckt.

Auf der CD-ROM in der Arbeitshilfe für Teams finden Sie alle Instrumente als Dokumentvorlage.

Die aktuelle Praxis zeigt, dass die kindbezogenen Instrumente bei der Umsetzung der Orientierungs- und Bildungspläne der Länder in der Regel das 1. Kapitel im Portfolio oder Bildungsbuch eines Kindes sind.

4.8.1 Aufnahmegespräch

Aufnahme am _____ mit _____

A) <u>PERSONALIEN</u>

Name des Kindes _____

geb. _____

Name der Eltern _____

Name der Geschwister _____

Alter _____

B) <u>AUFNAHME</u>

1) Anlass und Motivation der Familie, das Kind in die Tageseinrichtung zu bringen.

2) Hat das Kind bereits Erfahrungen in der Fremdbetreuung? (Wann, bei wem, wie lange?)

3) Hat Ihr Kind bestimmte Rituale?

• beim Abschiednehmen

• beim Essen

Teil 4

- beim Wickeln

- beim Einschlafen

4) Hat Ihr Kind ein Übergangsobjekt, z. B. Schnulli, Kuscheltier?

5) Gibt es wichtige Ereignisse von der Geburt bis heute, die wir wissen müssen?

6) Inwieweit kann sich Ihr Kind verbal mitteilen? Gibt es wichtige non-verbale Signale, die wir kennen müssen?

7) Was und wie isst und trinkt Ihr Kind (Flasche, Löffel, Vorlieben)?

8) Gibt es Spielmaterial und Spielinhalte, die Ihr Kind gerne hat/spielt?

9) Was kann Ihr Kind schon „richtig gut"! Wie weit ist es in der Entwicklung?

10) Welche Wünsche haben die Eltern an die Tageseinrichtung/Erzieherin?

Merkposten für den weiteren Gesprächsverlauf

Wünsche/Erwartungen der Tageseinrichtung an die Eltern

→ Dauer und Verlauf der Eingewöhnung

→ neuer Termin: Auswertungsgespräch

→ Verfahren der Eingewöhnung, Bezugserzieherinnensystem

→ Rolle der Bezugsperson (passive Haltung)

→ Abholzeiten

→ Trennungssituation (Ängste …)

→ Was mitbringen/Was zu Hause lassen

→ Tagesablauf

→ Elternarbeit (ständiger Informationsaustausch)

→ Krankheiten

→

→

→

Bemerkung zum Gesprächsverlauf:

Teil 4

4.8.2 Eingewöhnungstagebuch

Tageseinrichtung: Kindergartenjahr:
(Stempel)

Geburtsdatum Kind: _____

Aufnahmedatum: _____

Nationalität und Sprache: _____

Geschwister, Alter:	In der Tageseinrichtung von ... bis ... bzw. seit ...:

Schnupperbesuche/erste Kontakte:

Datum/Dauer:	Anmerkung zum Verlauf

Bewertung der Vorlaufphase:
– Aus Erzieherinnensicht (bitte mit Namen):

– Aus Elternsicht (falls geäußert):

Eingewöhnungsverlauf

Tag nach Aufnahme	Datum u. Anwesenheitsdauer Kind von ... bis ... (Uhrzeit)	Anwesenheit Eltern (wer?) von ... bis ... (Uhrzeit)	Anmerkung zum Verlauf, Vereinbarungen, Besonderheiten
1. Tag			
2. Tag			
3. Tag			
4. Tag			
5. Tag			
6. Tag			
7. Tag			
8. Tag			

Tag nach Aufnahme	Datum u. Anwesenheitsdauer Kind von … bis … (Uhrzeit)	Anwesenheit Eltern (wer?) von … bis … (Uhrzeit)	Anmerkung zum Verlauf, Vereinbarungen, Besonderheiten
9. Tag			
10. Tag			
11. Tag			
12. Tag			
13. Tag			
14. Tag			
15. Tag			

Bei längerer Eingewöhnung → kurz weiterer Verlauf:

4.8.3 Am Ende der Eingewöhnung

4.8.3.1 Reflexion des Eingewöhnungsverlaufs aus Sicht der sozialpädagogischen Fachkraft

Erster Trennungsversuch am _____ Tag nach der Aufnahme

Verhalten des Kindes bei der ersten Trennung:

Reaktion der Mutter/des Vaters auf die erste Trennung:

Vom Team angebotene Bezugsperson: _____ (Name)

Wie erlebten wir den Bindungsaufbau des Kindes zur Bezugsperson? Stichworte zum Verlauf und ggf. Schwierigkeiten/Besonderheiten:

Wie erlebten wir das Kind bei der Eingewöhnung?
[ ] aufgeschlossen und neugierig
[ ] Es gab folgende Besonderheiten:

Wie erlebten wir die Zusammenarbeit mit Mutter/Vater während der Eingewöhnung?
[ ] gut, weil …
[ ] Es gab folgende Besonderheiten:

Wir gaben folgende Unterstützung:

4.8.3.2 Reflexion des Eingewöhnungsverlaufs aus Sicht der Eltern

Am Ende der Eingewöhnung: Fragen an die Eltern

Gespräch mit Mutter/Vater: _____ von _____

Aufnahmemonat: _____

Gespächsdatum: _____

---

1. Wie erlebten Sie die Eingewöhnung Ihres Kindes?

(Was war gut, was würden wir nächstes Mal anders machen oder uns wünschen?)

---

2. Wie hat sich Ihr Kind seit seiner Aufnahme verändert?

Wie erleben Sie es zu Hause?

3. Wie erleben Sie Ihr Kind in der Tageseinrichtung, wenn Sie es bringen und abholen?

4. War es eine gute Entscheidung, das Kind anzumelden oder haben Sie Zweifel?

5. Möchten Sie sonst noch gerne etwas sagen?

Protokolliert von: _____

Anmerkungen:

4.9 Schmutzige Bündel und Plüschtiere – Kindliche Übergangsobjekte und ihre Bedeutung – Auszüge aus Fachbeiträgen

Die Position des Kindes stärken (…)

von Jörg Maywald (Auszug)

In Paris gibt es ein Kinderkrankenhaus, das den Namen „Hopital Trousseau" trägt. Das deutsche Wort für „Trousseau" lautet „Bündel". Mit seinem Namen erinnert dieses Krankenhaus an eine Zeit, in der dort heimatlose Kinder eine Zuflucht und erste Versorgung fanden. Die aufgenommen Kinder hatten keine Eltern mehr, sei es, weil diese nicht mehr lebten, sei es, weil sie von den Eltern ausgesetzt worden waren in der Hoffnung, dass andere Menschen sie finden und ihr Überleben sichern würden.

Es waren Findel- und Straßenkinder, die nichts hatten – außer ihrem Bündel mit ein paar Habseligkeiten. Zumeist fanden sich darin Kleidungsstücke, vielleicht etwas zu essen, manchmal auch Spielzeug oder sogar ein Ring oder ein Amulett, das die Mutter dem Kind als Glücksbringer auf den Weg gegeben hatte.

In materieller Hinsicht waren diese Bündel von geringem Wert, aber sie waren das Einzige, das die Kinder mit ihrer Herkunft verband. Sie bildeten eine Brücke zu ihren leiblichen Eltern, zu ihrem Milieu und zu ihrer Familie, in die sie geboren worden waren und bei der sie eine kürzere oder längere Zeit ihres Lebens verbracht hatten. Heute würden wir diese Bündel im Sinne von Winnicott als Übergangsobjekte bezeichnen und wir wären uns vermutlich darin einig, dass sie für die Kinder einen unschätzbaren Wert darstellten.

Dokumente des Krankenhauses belegen, dass die Kinder ihr Bündel behalten konnten. Es wurde ihrem Bett zugeordnet und begleitete die Kinder auf ihrem weiteren Weg. Offensichtlich hatten die Mitarbeiter des Krankenhauses ein intuitives Wissen davon, dass sie den Kindern Gutes taten, wenn sie ihnen ihr Hab und Gut beließen, auch wenn dieses von geringem Nutzen, häufig unansehnlich und kaum noch zu gebrauchen war.

Es scheint, als ob dieses Wissen um die Bedeutung von Bindungen zu manchen Zeiten verschüttet gewesen ist. In meiner Kindheit – also in den 1950er- und 1960er-Jahren – war es allgemeine Praxis, die Besuchszeiten in den pädiatrischen Stationen der Krankenhäuser auf eineinhalb Stunden am Sonntagnachmittag zu begrenzen. Die Kontaktaufnahme war nur durch eine Glasscheibe möglich und musste sich auf Gesten und bedeutungsvolle Blicke beschränken. Vielen Eltern wurde geraten, sich ihrem Kind gegenüber lieber gar nicht bemerkbar zu machen, um ihm den schmerzvollen Abschied zu ersparen.

Noch in den 1970er-Jahren war es im ehemaligen Berliner Hauptkinderheim – damals eine zentrale Notaufnahmestelle mit mehreren tausend

Aufnahmen pro Jahr – üblich, die Kinder nach ihrer Ankunft zu desinfizieren, ihre mitgebrachten Gegenstände zu verwahren und sie in Heimkleidung zu stecken. (…)

In: *www.adoption.ch*

Plüschtiere sind beseelt

von Ruedi Zollinger, Chefarzt Jugend- und Kinderpsychiatrische Dienste St. Gallen (Auszug)

In unserer Fachsprache fallen Plüschtiere vor allem bei Kleinkindern unter den Begriff „Übergangsobjekte". Solche Übergangsobjekte brauchen weder aus Plüsch noch wirklich Tiere zu sein; einfach etwas Stoffiges, Weiches, Kuscheliges.

Für Säuglinge sind Plüschtiere bloß Gegenstände, die vielleicht schön anzufassen sind und hübsche Farben oder Formen haben. Die Entwicklungspsychologie geht in der frühen Kindheit von einer Einheit Mutter/Kind aus. Das Kind verinnerlicht dieses Bild und diese Verbindung. Später stehen bei vorübergehenden Trennungen oder in Ablösungsphasen Übergangsobjekte als Hilfe zur Verfügung. Diese Funktion betrifft besonders die Zeitspanne nach dem Säuglingsalter bis etwa zum Alter von zwei Jahren.

Mit der Zeit besetzen die Kinder ihre Plüschtiere anders. Sie nehmen dann nicht mehr unbedingt die Funktion der Mutter ein, vermitteln aber in einem übergeordneten Sinn Geborgenheit oder Auseinandersetzungsmöglichkeit. Plüschtiere sind dann Vertraute, Freunde, Spielkameraden, geduldige Zuhörer oder stille Tröster.

Natürlich ist ein Gedankenaustausch mit Plüschtieren nicht möglich. Aber sie sind immer für einen da, können Geborgenheit an fremden Orten oder im Bett vermitteln. Und darüber hinaus sind Plüschtiere so, wie man sie gerade gerne hätte. Haustiere und Familienmitglieder weisen diese Verfügbarkeit nicht auf.

Da die Kinder diesen Objekten oft sehr nahestehen, empfinden sie beispielsweise Übergriffe von Eltern, Geschwistern oder Freunden auf Plüschtiere als Angriffe auf die eigene Integrität. Denn Plüschtiere sind für Kinder nicht nur ein Stück Stoff, sie sind beseelt.

In: *www.tierpark.ch*

Teil 4

Übergangsobjekte

von Prof. Dr. Richard Michaelis

Als Übergangsobjekte (Winnicott 1974) werden Teddybären, Plüschtiere, Tücher, Puppen und vieles andere bezeichnet, die für ein Kind, nach Meinung der Erwachsenen, eine überraschend große Bedeutung besitzen. Sie stellen eine Besonderheit von Kindern zwischen dem 1. und 2. Lebensjahr dar, die all denen auffällt, die mit Kindern dieser Altersgruppe zu tun haben.

Übergangsobjekte sind die ersten „Nicht-Ich-Besitze" mit emotional-affektivem Charakter, die ein Kind in seinem Leben realisiert. Sie gehören nicht mehr zu ihm selbst, wie z. B. der Daumen, die Finger, der Mund oder die Augen. Übergangsobjekte stehen immer zur Verfügung, wenn sie gebraucht werden: beim Wachsein, im Schlaf, bei Frustrationen, in Trennungssituationen. Übergangsobjekte können zwar vom Kind weggeworfen werden, sie werden aber rasch vermisst und zurückgefordert.

Die auffällige emotionale Bindung eines Kindes an ein Übergangsobjekt wird nicht immer verstanden, geschweige denn gewürdigt. Eltern oder Bezugspersonen, aber auch Fremde, wollen oft nicht einsehen, warum z. B. ein schmuddeliges Plüschtier für ein Kind eine solch eminente emotionale Bedeutung haben soll. Daher geschieht es auch nicht selten, dass Übergangsobjekte einfach dem Kind weggenommen werden, z. B. bei einem Krankenhausaufenthalt, bei einer Narkoseeinleitung, bei der Aufnahme eines Kindes durch die Großeltern oder durch Bekannte, bei denen ein Kind übernachten oder für einige Zeit bleiben soll.

Übergangsobjekte eignen sich dazu als erste Ansätze einer Symbolisationsfähigkeit, da in einem Übergangsobjekt für das Kind die wichtigste Bezugsperson symbolhaft und handgreiflich zur Verfügung steht. Übergangsobjekte sind daher erste Hinweise auf die beginnende Separation[Fn.1] von der wichtigsten Bezugsperson. Auf ein Übergangsobjekt wird sozusagen das Attachment[Fn.2] an eine bestimmte Bezugsperson symbolisch übertragen, womit sie dem Kind jederzeit als Trost, Zuflucht oder Ermunterung zur Verfügung steht. Übergangsobjekte ermöglichen, überbrücken und erleichtern dem Kind damit auch den notwendigen Entwicklungsschritt der beginnenden Separation von ihren Bezugspersonen.

Wird die Bedeutung der Übergangsobjekte verstanden und nachvollzogen, werden alle, die mit Kindern dieses Alters zu tun haben, sehr vorsichtig sein, Kindern ihre Übergangsobjekte schlecht zu machen oder sie einfach verschwinden zu lassen, mit dem Hinweis, sie seien nicht mehr altersgemäß, sie seien dreckig, sie seien nicht mehr schön, sie seien gefährlich

---

1. Trennung, Loslösung.
2. Bindung.

oder unhygienisch. Leicht nachvollziehbar ist dann auch, welch enorme emotionale Verletzung durch das Wegnehmen von Übergangsobjekten entstehen kann.

Nachdem die Symbolisationsleistung vollständig verinnerlicht und internalisiert worden ist, werden Übergangsobjekte nicht mehr benötigt, da die Sicherheit die durch ein Attachment[Fn.1] an eine Bezugsperson für das Leben gewonnen wurde, durch die Internalisierung stabil bleibt, auch ohne den direkten persönlichen Kontakt zu Bezugsperson oder Übergangsobjekt. Schlaglichtartig lässt sich die Bedeutung der Übergangsobjekte an der nebenbei gemachten Aussage einer sehr alten Frau ablesen, die im Alter von 9 Jahren von ihrer in Südostasien lebenden Familie getrennt wurde, mit dem Schiff mehr oder weniger allein nach Europa reiste, um dort in einem Internat aufgenommen zu werden. Innerhalb der Erzählung dieses offenbar sehr traumatischen Erlebens, was möglicherweise nie ganz überwunden werden konnte, wird nebenbei die Aussage gemacht, dass sie ihre Puppe mitgenommen habe, diese aber nie, Tag und Nacht nicht, aus den Augen gelassen habe.

Vortrag während einer Fortbildungsveranstaltung am 9.12.1995 in Stuttgart zum Thema „Prinzipien der normalen Entwicklung". Tagungsdokumentation, hrsg. von der Überregionalen Arbeitsstelle Frühförderung Baden-Württemberg.

In: Emotionale Entwicklung in den ersten Lebensjahren (Auszug aus Tagungsskript).

---

1. Bindung.

Teil 4

Teil 5 Raum

Teil 5

5.1 Mindmap Raum

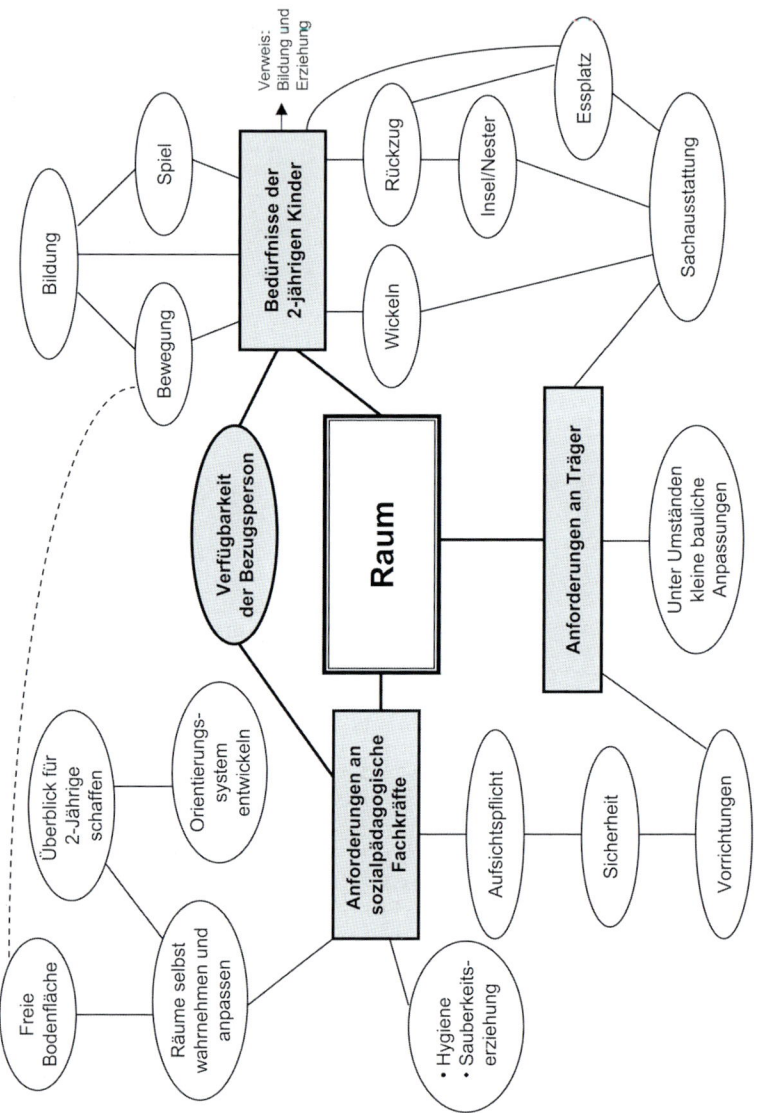

5.2 Empfehlungen von L. Klein/H. Vogt zu Räumen und Materialien für Kinder unter drei Jahren

Aspekt	Hinweise
Tageseinrichtung allgemein	Nicht in jeder Gruppe die gleichen Möbel, sondern selber pro Gruppe einrichten können, als gemeinsames Vorhaben mit den Kindern
Räume	– Wichtig räumliche Gliederung: Intimität (Nischen, Höhlen) und Offenheit – Beachten: Einfluss der Raumkonzeption auf innere Kommunikationsstrukturen! – Nebenräume leicht erreichbar, kein „Industriegebiet" in der Tageseinrichtung! – Günstig: Elternraum – Viel Bodenfläche für Kleine!! ⇥ Arbeitsflächen an Fenstern anbringen – Arbeitsflächen in verschiedener Höhe – Viele Tätigkeiten sind auf dem Boden besser möglich. – Flächengewinn durch zweite Ebene
Essbereich	– Vergrößer-/Verkleinerbare Tische verwenden, die Bodenfläche sparen – Flexibel einsetzbare Stühle!
Tischhöhe	– Wird kontrovers diskutiert, inzwischen meist große Tische ⇥ für kleine Kinder Trittbänke, Kissen, Podeste, höhenverstellbare Stühle, Hochstühle
Sanitärräume	– Toiletten nicht in verschiedenen Höhen notwendig, Trittpodeste reichen – Waschbecken verschieden hoch sinnvoll
Material	– „Alles" für jedes Entwicklungsalter – Offen zugänglich in der richtigen Höhe! – Aufforderungscharakter durch phasenweisen Austausch von Material – Spiele nicht stapeln (fallen beim Herausziehen runter) – Deutliche Gliederung: erkennbaren festen Platz

Aspekt	Hinweise
	– Zwecks Ökonomisierung und Kommunikation: Ausleihsysteme, gemeinsame Zugänglichkeit (Funktionsbereiche) – Evtl. geregelter Zugang zum Material für bestimmte Kinder (z. B. für „gefährliche" Sachen wie Perlen, Scheren ...)

Quelle: Klein, L./Vogt, H.: Leben in der Familiengruppe. Freiburg i. B. 1995, S. 225 ff. und 95 ff.

Empfehlungen von Gisela Petersen zu Räumen und Materialien für Kinder unter 3 Jahren

Aspekt	Hinweise
Räume, Raumgliederung	– Übersichtliche Gliederung – Kinder sollen sich entfalten und nicht stören – Spielbereiche offen für Kinder aller Altersstufen – Material den Spiel- und Aktivitätsecken zuordnen ↦ kein langes Suchen – Raumteilung für Kleine wichtig ↦ Schutz, aber auch Sprech- und Sichtkontakt – Alle verfügbaren Räume nutzen und umnutzen (Waschraum zum Wasserspiel ...) – Flure für Begegnungen – Schlafräume zum Spielen mitnutzen, aber ruhig
Wickelbereich	– Im Waschraum, im Wickelraum ↦ hygienisch, ruhig, kein Geruch im Gruppenraum – Für Notfälle Wickelunterlage im Gruppenraum – Viele Kinder mögen gemeinsam gewickelt werden – Älteren Kindern (Einzelkindern!) Gelegenheit zum Helfen geben!

Aspekt	Hinweise
Geborgenheit, Gemütlichkeit	– Klein-Räume im großen Raum – Wohnlichkeit (Wärme, Schönheit, Ästhetik) – Geschützter Essbereich ➟ ungestörte Tischgemeinschaft – Keine Überfüllung und Überladung ➟ Überforderung für Kleinkinder: brauchen für Wahrnehmungen klaren Hintergrund
Verborgenheit	– Winkel zum Einnisten
Alltag erleben	– Hauswirtschaftlichen Bereich im Gruppenraum ➟ Kleinkinder hantieren mit Töpfen, spielen mit Wasser
Material	– Frei zugänglich heißt nicht offene Regale ➟ Reizüberflutung ➟ Kombination offen/geschlossen – Material für Kleine bodennah – Für Kleine auch Schubladen zum Ausräumen – Material für Ältere nur für Ältere zugänglich

Quelle: Petersen, G.: Kinder unter 3 Jahren in Tageseinrichtungen. Band 1. Köln 1989

5.3 Perspektivenwechsel: Klein sein – Gullivers Reisen im Team

> Gulliver geriet auf seinen Reisen nach Lilliput – dort war er ein Riese – und nach Brobdingnag – dort war er ein kleiner Zwerg. Er hatte in jedem dieser Länder viele aufregende Erlebnisse ...

Im Alltag verkörpern wir für kleine Kinder quasi die Riesen: (fast) alles ist groß und auf uns Erwachsene zugeschnitten, die Kinder sind die Zwerge in unserem Land.

Im Modellprojekt „Integration zweijähriger Kinder in Kindergärten" probierten wir es wie Gulliver aus: **Aus der Perspektive von Kleinen Räume erforschen** war eine wichtige Selbsterfahrung als Basis für die Gestaltung der Räume, in denen sich auch 2-Jährige wohl und angeregt fühlen sollten.

Probieren Sie es auch! Gehen Sie auf die Höhe von 100 Zentimetern.

Fragen für die Auswertung:

- Wird Orientierung und Halt ermöglicht? Wie?
- Ist in Augenhöhe von Kleinen Übersicht und Blickkontakt zur Bezugsperson möglich? Wo/Wo nicht?
- Werden die Sinne angesprochen? Wo und wie? (z. B. Bodenbeläge, Oberflächen, Materialien, Licht ...)
- Gibt es genügend Raum für Bewegung? Wo?
- Wie ist die Umgebung zur Erfüllung primärer Bedürfnisse (Essen, Wickeln, Ruhen)?
- Wie zugänglich sind Spiele, Materialien?
- Wie werden mir Bücher und (Bild- oder Schrift-)Zeichen zugänglich gemacht?

5.4 Raumbuch Schwerpunkt 2-Jährige: Protokollnotizen zur Raumerkundung aus der „Froschperspektive"

Worum es geht:	Was fällt mir bei der Erkundung auf?
Orientierung und Halt	
Zum Beispiel visuelles Leitsystem in Kinderaugenhöhe? (= Hinweise auf Raumfunktionen, Bildzeichen: Wo finde ich wen oder was?)	
Wo gehöre ich hin? Wo kann ich selber finden und erreichen, was mir gehört?	
Eigentumsfächer?	
Klar erkennbarer eigener Haken?	
Fotos von meinen Eltern?	

Worum es geht:	Was fällt mir bei der Erkundung auf?
Übersicht und Kontakt im Raum	
Blickkontakt (zur Bezugsperson) möglich?	
Blick frei oder (durch Raumteiler, Tücher) verstellt/verhängt?	
Sinnesreize: Wo und wie werden meine Sinne angesprochen?	
Wo erreiche ich etwas zum	
Tasten: Oberflächen, Materialien …	
Sehen: Lichter, Farben, Spiegel	

Worum es geht:	Was fällt mir bei der Erkundung auf?
Riechen:	
Hören: Klänge	
Präsentation von Bildern, Kinderarbeiten?	
In welcher Höhe?	
Zugänglichkeit, Sicherheit, Ästhetik?	
Was kann ich als 2-jährige(r) an Information durch die Präsentation wahrnehmen, erfassen?	

Worum es geht:	Was fällt mir bei der Erkundung auf?
Bewegung	
Raumanteil unmöblierter Bodenfreiflächen?	
Lage der Bewegungsflächen im Haus?	
Kann ich mich als 2-Jährige(r) dorthin trauen?	
Welche elementaren Bewegungsformen und Raumerfahrungen werden angeregt?	
tragen, ziehen, schieben	
hängen, schaukeln, schwingen	

Worum es geht:	Was fällt mir bei der Erkundung auf?
rutschen, drehen, wälzen, rollen	
werfen, fangen	
hoch – tief, Podeste, klettern	
Bewegungsbaustelle zum Selberhandeln	
Außengelände	

Worum es geht:	Was fällt mir bei der Erkundung auf?
Primäre Bedürfnisse	
Essen:	
Lage Essplatz: gut für mich als 2-Jährige(r) erreichbar? Ruhig und doch offen?	
Geeignet als Treffpunkt und Rückzugsort für Kleine?	
Komme ich an mein Geschirr, Besteck heran und kann es auch wegräumen?	
Kinderküchenhöhe oder Fußschemel?	

Worum es geht:	Was fällt mir bei der Erkundung auf?
Ruhe- und Rückzugsorte	
Ruhe-„Inseln" mit Kontakt zum Gruppengeschehen? (Buggies, Körbchen, Kissen)	
Rückzugspunkte mit Aussicht aufs Geschehen?	
Wickeln/Sauberkeitserziehung	
Atmosphäre	
Abgegrenztheit/mögliche Intimität	

Worum es geht:	Was fällt mir bei der Erkundung auf?
selbstständiger Zugang auf die Wickelfläche möglich? (Treppchen, Fußschemel)	
Zugang zu Wasser	
Spielen und Gestalten	
Wo und wie habe ich als 2-Jährige(r)	
Zugang zu:	
Material zum Gestalten, Malen, (trocken, nass), Verbrauchsmaterial	

Worum es geht:	Was fällt mir bei der Erkundung auf?
Kleinscheren, Kleister kostenfreiem Material, Verbrauchsmaterial Konstruktions- und Legematerial Spielen / Puzzles – Präsentation: Muss ich sie als 2-Jährige(r) aus einem Stapel herausziehen?	

Teil 5

Worum es geht:	Was fällt mir bei der Erkundung auf?
Rollenspielmaterial:	
Welches für mich geeignete Material ist mir direkt zugänglich?	
Baumaterial/Bauecke	
Wie erkenne ich, welches Material größeren Kindern vorbehalten ist?	
Lesen und Literacy	
Zugang zu Büchern? Präsentation?	
(Titelseiten sichtbar?)	

Worum es geht:	Was fällt mir bei der Erkundung auf?
Leseatmosphäre	
Beschriftungen/Bildzeichen für Schubladen u. a.	
Sonstiges:	

Teil 5

Meine Wertung mit Blick auf 2-Jährige:

Eingangsbereich / Halle / Flur

Gruppen- bzw. Funktionsräume und Nebenräume

Bad / Sanitärbereich

Küche

Außenbereich

Gesamtbewertung Oberflächenmaterialien (sinnliche Qualität):

Bewertung der Höhen:

5.5 Räume bilden

– Sie als Fachkraft „bilden" Räume, mit dem Ziel, den Entwicklungsbe-
dürfnissen zu entsprechen.
– Die geschaffenen Räume tragen wesentlich dazu bei, dass Kinder ihrer
Selbstbildung nachkommen können.

Die folgenden Bilder geben Ihnen Anregungen zur Umsetzung. Diese
Bilder finden Sie auf unserer CD-ROM als Folien in der PPT-Präsentation
unter Kennzahl 60.21.

Anforderungen an Räume für 2–6: Orientierung ➙ Leitsystem

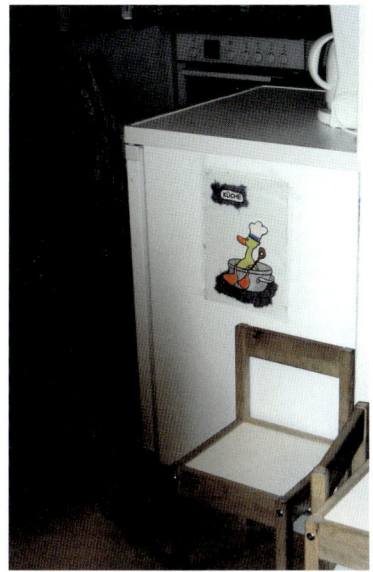 

Teil 5

Anforderungen an Räume für 2–6: Partizipation durch Möbel

Anforderungen an Räume für 2–6: Partizipation durch Möbel

Teil 5

Anforderungen an Räume für 2–6: Wahrnehmung

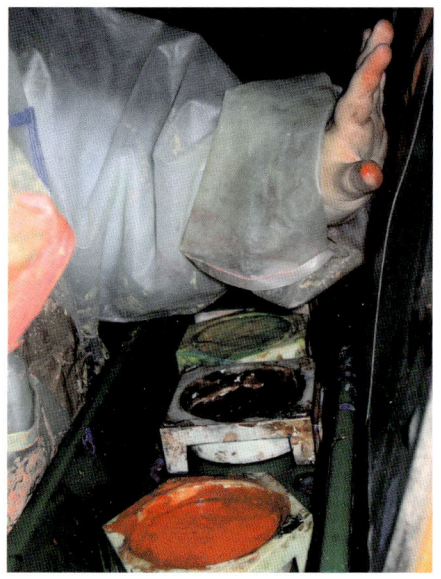

Anforderungen an Räume für 2–6: Wahrnehmung

Teil 5

Anforderungen an Räume für 2–6: Wickelplatz

Anforderungen an Räume für 2–6: Wickeln und Bad

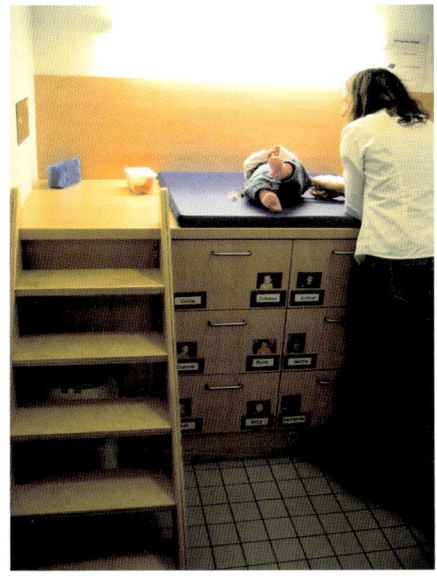

Teil 5

Inseln zum Rückzug:

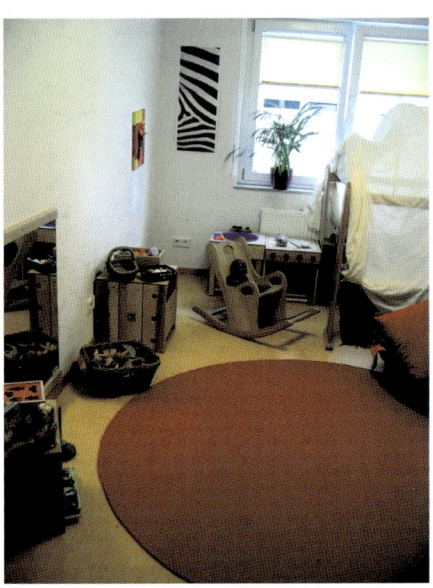

5.6 Empfehlenswerte Ausstattungsgegenstände

Klappbare Wickelkommode

(auch bei geringem Platz sehr gut unterzubringen; auch für das Gewicht älterer Kinder gut ausgelegt; Vorteil: kann in der Phase, wenn alle Kinder sauber sind, „optisch" verschwinden)

Wickelei	249,– €
Holzoptik; integriertes Regal	
z. B. Firma Wehrfritz	

Wandwickeltisch	164,– €
Metall, weiß lackiert	
z. B. Firma Dusyma	

Die Klappwickeltische haben keine Aufstiegshilfen. Für den rückenschonenden Gebrauch empfiehlt sich, eine stabile Trittleiter beizustellen.

Wickelplätze	**695,– € bis 964,– €**
mit integrierter Wickeltischtreppe	je nach Ausfertigung
und Eigentumsfächern	
z. B. Firma Dusyma	

Höhenverstellbare Tische

Firma Org Delta	Preis nach Ausführung
(einfache Handhabung;	
jederzeit verstellbar in 5 Stufen)	

Firma Dusyma
(5 Stufen verstellbar mit Werkzeug)

Ergonomische Erzieherinnenstühle

Federtiefe bis zu 31 cm,	**369,– € bis 420,– €**
verstellbare Armlehnen,	je nach Ausfertigung

Federung, Aufstehhilfe

Firma Org Delta

Tipps für Rückzugsmöglichkeiten

Stillkissen	**39,90 €**
Firma Baby Walz oder Babymarkt, Ikea	

Große („Hunde"-)Körbe

Sitzsäcke und Sitzkissen, Ikea

Bewegung im Raum

Krabbelkiste	108,– €
Anbauteile	je nach Ausführung
Basisgemeinde Wulfshagenerhütte	

Kleine Bewegungsbaustelle nach
Hengstenberg bestehend aus:

kleiner Spielleiter	299,50 €
Rutsch-Kippelbrett	249,50 €
Doppelbalancierstange	116,– €
Spielhocker	109,– €
Schaukelboot Kombination	268,– €

In der Praxis hat sich gezeigt, dass die 2-Jährigen schon gut mit den Hengstenberg-Materialien umgehen können; die Pikler-Materialien richten sich stärker an die Kinder unter zwei Jahren, vgl. auch *www.basisgemeinde.de*

Van der Beek empfiehlt in ihrem Buch „Bildungsräume für Kinder von Null bis Drei", verlag das netz, Berlin 2006, die Bezugsquelle Kameleon GmbH & Co KG, *www.kameleon.de*

Hersteller von Podestelementen:
Wehrfritz
Dusyma
König

5.7 Aspekte zur Sicherheit und Aufsichtspflicht bei der Betreuung von 2-Jährigen

Die Umstellung des Kindergartens[Fn.1] auf eine Altersmischung mit bis zu fünfeinhalb Jahrgängen[Fn.2] bringt mit sich, sich nochmals mit den Anforderungen an die Unfallverhütung und Aufsichtspflicht auseinanderzusetzen.

---

1. Hier, wie in der ganzen Handreichung, verstanden als 6-stündiges Betreuungsangebot für 3- bis 6;5-jährige Kinder.
2. 5,5 Jahrgänge resultieren aus 4,5 biologischen Jahrgängen (2- bis 6;5 Jahre) und der Berücksichtigung von versch. Entwicklungsständen der Kinder (schwaches 2-Jähriges und starkes/weites 6;5-Jähriges).

Aufsichtspflicht

Für die <u>Aufsichtspflicht</u> 2-jähriger Kinder bestehen, wie für alle anderen zu betreuenden Kinder, folgende Grundsätze:

Die Aufsichtspflicht muss sich in ihrer Ausgestaltung am Entwicklungsstand des einzelnen Kindes orientieren. Dabei ist zu berücksichtigen, dass das Kind einen Rahmen vorfindet, der ihm – wiederum gemäß seiner Entwicklung – ausreichend Möglichkeiten und Anreize für seine Entwicklung ermöglicht.

Vor diesem Hintergrund lassen sich keine pauschalen Empfehlungen zur Ausgestaltung der Aufsichtspflicht gegenüber 2-Jährigen ableiten.

Die konkreten Erfahrungen zeigen, dass Kinder zwischen zwei und drei Jahren sehr unterschiedlich in Bezug auf ihre motorische und intellektuelle Entwicklung sind (das schwache 3-Jährige und das fitte 2-Jährige). Diese Unterschiedlichkeit, die auch in anderen Jahrgangsabschnitten zu beobachten ist, gilt es jedoch zu berücksichtigen.

Allgemeines zur Haftung, resultierend aus der Aufsichtspflicht

Generell sind Kinder bis zum Abschluss des 7. Lebensjahres „deliktunfähig", das heißt, sie können nicht selbst für ihr Tun verantwortlich gemacht werden. Vom 7. bis 14. Lebensjahr sind die Kinder „eingeschränkt deliktfähig". Hier wird entsprechend dem Alter und Entwicklungsstand des Kindes und dem Schadenshergang beurteilt, ob das Kind die Folgen seines Tuns selbst einschätzen konnte oder nicht.

Bei Deliktunfähigkeit des Kindes ist laut Gesetz die zur Aufsicht verpflichtete Betreuungsperson zum Ersatz des verursachten Schadens verpflichtet, wenn sie eine ausreichende, dem Alter des Kindes entsprechende Beaufsichtigung nicht nachweisen kann. (Bei einer angemessenen Beaufsichtigung erhält der Geschädigte unter Umständen keinen Schadenersatz.)

Sicherheit

Für die Aspekte zur <u>Unfallverhütung</u> ist kompetenter Ansprechpartner die in jedem Bundesland auf Landesebene organisierte Unfallkasse.

Unter *www.unfallkassen.de* können Sie beim Bundesverband der Unfallkassen die für Sie regional zuständige Unfallkasse erfahren.

Sie haben die Möglichkeit, die Berater derselben zu konsultieren und die jeweiligen Ausführungen für den Betrieb von Tageseinrichtungen anzufordern.

In einem weiteren Schritt vor der Eröffnung des Angebots bzw. der Tageseinrichtung ist eine sog. <u>Gefährdungsbeurteilung</u> durchzuführen. Ziel dieser Gefährdungsbeurteilung ist die Bewertung möglicher bzw. vorhandener Gefährdungen und die Ableitung entsprechender Schutzziele und

-maßnahmen. Die gesetzliche Verpflichtung zur Durchführung einer Gefährdungsbeurteilung liegt beim Betreiber/Träger einer Tageseinrichtung. (Nähere Informationen finden Sie ebenfalls über die o. g. Homepage.)

Unsere Erfahrungen haben gezeigt, dass in der Regel die in der Tageseinrichtung üblichen Überlegungen bei der Raumgestaltung ausreichend sind, sich mit Fragen wie

– Wo kann ich beim spontanen Versuch, mich festzuhalten, etwas herunterreißen, zu Fall bringen?
– Sind Stolperfallen erkenntlich?
– Sind Steckdosen gesichert? Hat die Tageseinrichtung einen zentralen FI?
– Welche scharfen Kanten auf der Kopfhöhe der 2-Jährigen bestehen (Fenstersimse, Möbel, Heizkörper)?
– Sind an Treppen und Podesten Handläufe in der entsprechenden Höhe?
– Sind Verglasungen bruchsicher?
– Besteht Griffschutz z. B. an schweren Türen?
– Sind Fenstergriffe, die z. B. mittels Podesten und Möbeln erreichbar sind, gesichert (abschließbar oder über Druckknopf eingeschränkt nutzbar)?
– Sind bei Podesten/2. Ebenen die Stufenhöhen so beschaffen, dass das kleine Kind „steigen" kann?

auseinanderzusetzen und daraufhin ggf. Veränderungen vorzunehmen.

Bei der Präsentation von Spiel- und Beschäftigungsmaterialien ist darauf zu achten, dass Gegenstände, die verschluckt oder in die Atemwege eingeführt werden können, nur unter Aufsicht bespielbar sind (Murmeln, kleinere Perlen, Muckelsteine u. a.)

Zudem relevant:

Gesetzlicher Unfallversicherungsschutz von Besuchs- oder sogenannten „Schnupperkindern" bei dem Besuch in Tageseinrichtungen, insbesondere in der Eingewöhnungszeit

Nach den gesetzlichen Vorschriften sind Kinder während des Besuchs von Tageseinrichtungen gesetzlich unfallversichert.

Versichert sind z. B. beim Württembergischen Gemeindeunfallversicherungsverband sowohl die aufgrund eines bestehenden Betreuungsvertrages aufgenommenen Kinder **als auch nach neuester Rechtsinterpretation Besuchs- oder Schnupperkinder.**

Diese „zusätzlichen" Kinder müssen sich mit Wissen und Wollen des Trägers/des Tageseinrichtungspersonals (Leitung/Erzieherinnen) in der Tageseinrichtung aufhalten.

Der Unfallversicherungsschutz für die Besuchs- oder Schnupperkinder ist, wie für die anderen Kinder auch, beitragsfrei.

Die Besuchs- oder Schnupperkinder, die die vorgenannten Kriterien erfüllen, sind ebenso wie die offiziell aufgenommenen Kindergartenkinder versichert:

– während des regulären Besuchs der Tageseinrichtung,
– bei Teilnahme an offiziellen, vom Träger/von Tageseinrichtungsleitung genehmigten Veranstaltungen,
– auf allen damit zusammenhängenden direkten Wegen.

Erleidet ein Besuchs- oder Schnupperkind einen Unfall, ist dieser von der Tageseinrichtungsleitung mit der bekannten Unfallanzeige zu melden. Bitte vermerken Sie auf der Unfallanzeige, dass es sich um ein Besuchs- oder Schnupperkind handelt.

Sofern ein versicherter Unfall vorliegt, erhalten die Besuchs- oder Schnupperkinder alle gesetzlichen Leistungen, die auch für die offiziell aufgenommenen Tageseinrichtungskinder vorgesehen sind.

Klären Sie mit Ihrem Unfallversicherer, inwieweit die in Baden-Württemberg gegebene Regelung auch bei Ihnen Gültigkeit hat.

Teil 5

Teil 6 Gruppe

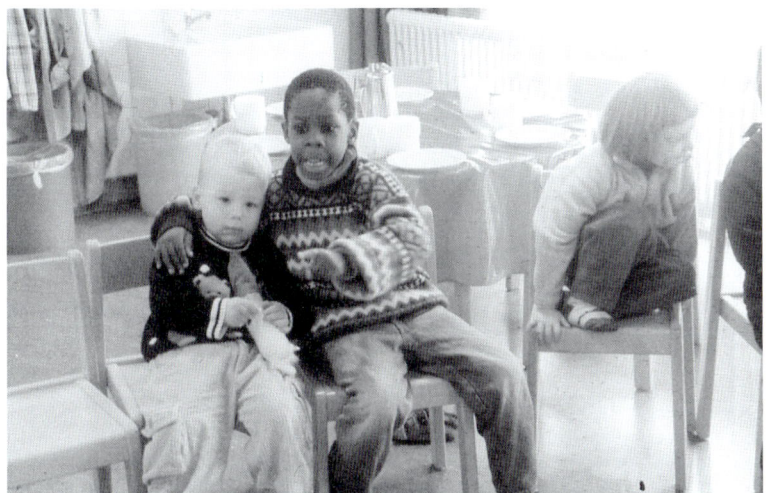

Teil 6

6.1 Mindmap Gruppe

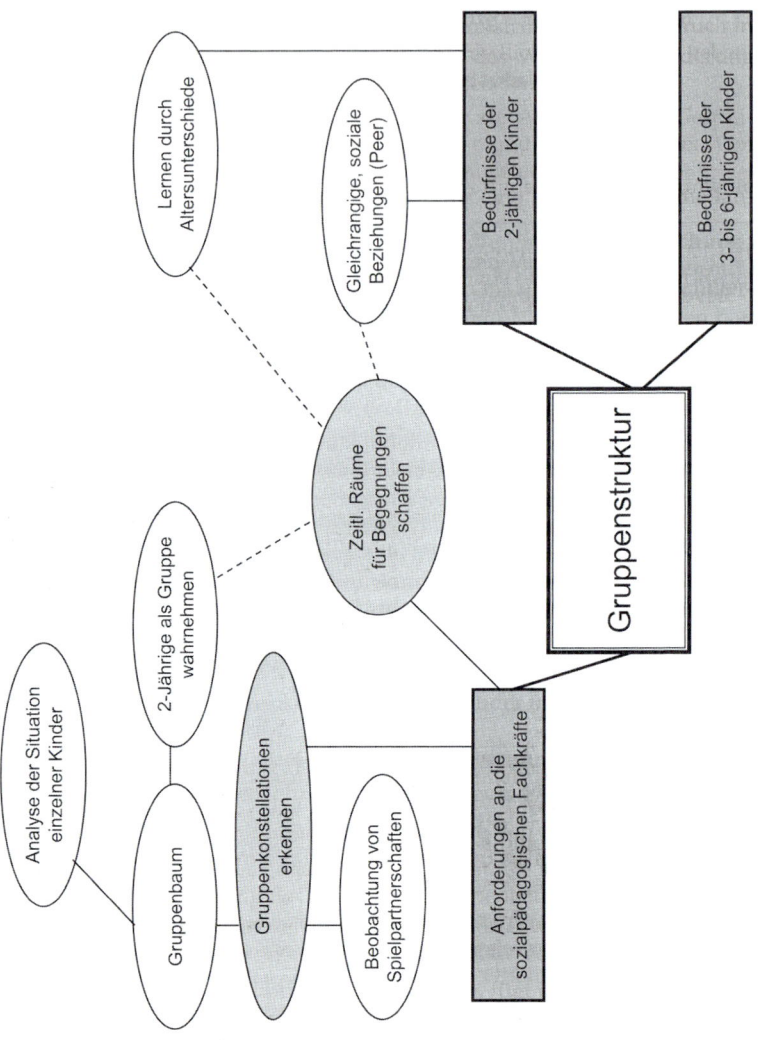

6.2 Die Gruppenstruktur als Einflussfaktor – der „Gruppenbaum" als Instrument zur Erkennung und möglichen Steuerung

Kurz-Info: Ein „Gruppenbaum" stellt die Gruppenstruktur grafisch dar: Auf der senkrechten Achse wird das Alter der Kinder abgetragen, quer die Anzahl Kinder im jeweiligen Alter, links die Jungen, rechts die Mädchen. Durch Schraffierungen sind weitere Differenzierungen möglich.

Was „erzählen" die beiden Gruppenbäume auf der folgenden Seite?

1. Im 1. Fall geht es um Jan: Es fiel zunächst auf, dass der 2-jährige Junge (schwarzes Kästchen) oft allein durch die Tageseinrichtung lief und wenig Kontakt fand. Seine Mutter beklagte das auch. In diesem Kindergarten waren aus bestimmten Gründen nur drei 2-Jährige aufgenommen worden, er war der einzige 2-jährige Junge und fand mit den 2-jährigen Mädchen nicht zusammen. Schaut man sich den Gruppenbaum an, sieht man, dass ihm nun kaum noch Chancen für einen eher altersnahen und ranggleichen Kontakt blieben: Es gab keine 3-Jährigen in der Gruppe. Erst als einer aufgenommen wurde, ergaben sich dann häufigere und glücklicherweise ausgeglichene Spielkontakte.

2. Das 2. Beispiel zeigt die „Elefantengruppe": Die Altersstruktur in der Gruppe ist so unausgewogen, dass für viele Kinder wichtige soziale Erfahrungen zu kurz kommen: Nur 2 Kinder sind 6 Jahre alt, ihnen fehlt hier die Gleichaltrigengruppe zum gleichberechtigten Aushandeln und Spielen. Die Gruppe ist sehr jung, die Kleinen sind sehr stark vertreten. Diesen wiederum fehlen Große zum Nachahmen und Helfen. Die Erzieherinnen fühlten sich stark überlastet, zumal etliche Kleine und Mittlere noch nicht sprechen bzw. nicht deutsch sprachen. Hier kann durch Öffnung nach innen, mindestens durch gruppenübergreifende Zusammenarbeit ein entlastender Ausgleich geschaffen werden.

Der Gruppenbaum kann also diagnostische Funktionen gewinnen, um das Klima und Anregungspotenzial einer Gruppe oder die Stellung eines Kindes erklären zu helfen. Darüber hinaus kann mithilfe des Gruppenbaumes auch nach Lösungen oder Entlastungen gesucht werden, sei es – soweit das geht – im Hinblick auf eine bewusste Aufnahme „politik", sei es im Hinblick auf konzeptionelle Überlegungen, z. B. Öffnung der Gruppen, damit alle Kinder die notwendigen sozialen Erfahrungen machen können, das heißt, sowohl alters- bzw. entwicklungsnahe Kinder als auch altersfernere Kinder zu erleben und mit ihnen umzugehen. Näheres dazu nach den Schaubildern.

Teil 6

1. Beispiel: Gruppenbaum

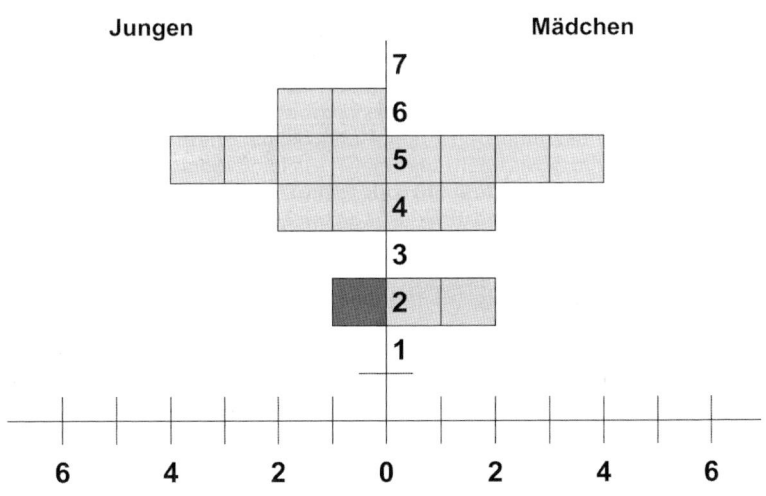

2. Beispiel: Gruppenbaum

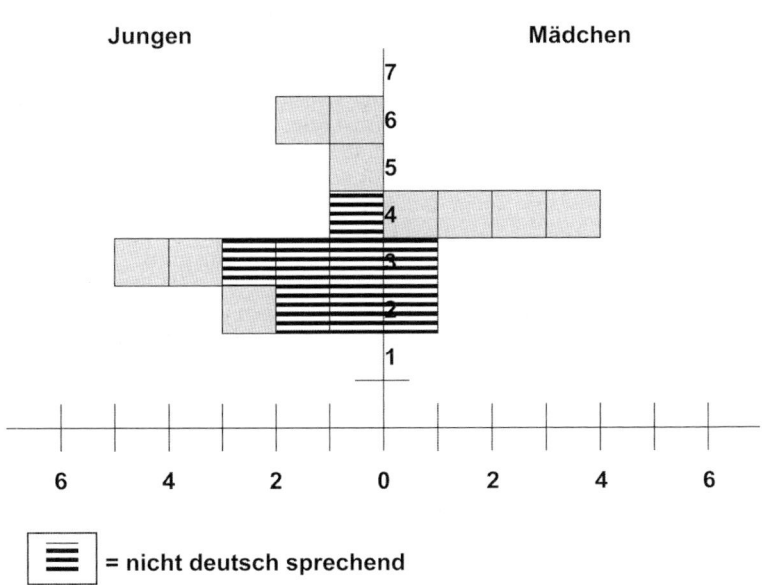

≡ = nicht deutsch sprechend

Zur Bedeutung von altersheterogenen und altershomogenen Beziehungen:

Altersgleiche (= altershomogene) **und** altersverschiedene (= altershete-rogene) Beziehungen unter Kindern sind gerade deshalb **wichtig, weil sie sich in wichtigen Aspekten unterscheiden:** „Die Beziehungen zwischen altersgleichen Kindern lassen sich als symmetrisch, die zwischen nicht gleichaltrigen als asymmetrisch kennzeichnen." (U. Schmid-Denter, Ulrich [1996]: Soziale Entwicklung, 3. Aufl., S. 93 ff.) Sie haben laut Forschung **jeweils spezifische Merkmale und Funktionen:**

–   Die Interaktion wird erleichtert und ist komplexer, **wenn eins der Kinder älter ist**, „auch wenn der Altersabstand nur wenige Monate beträgt (18 Monate gegenüber zwei Jahren)." Die Jüngeren erhalten Modelle zur Nachahmung und können das von Kindern Gelernte leichter auf neue Situationen übertragen als das von Erwachsenen Gelernte, weil Kinder durch den geringeren Abstand der Fähigkeiten Jüngeren in der Vermittlung mehr gerecht werden können. Die Älteren umgekehrt profitieren davon, dass sie sich kommunikativ auf die Jüngeren einstellen müssen, um ihnen helfen und etwas beibringen zu können.

–   Ebenso wichtig ist nach Schmid-Denter jedoch **die alters- oder entwicklungsgleiche Interaktion**, aber eben anders in ihrer Funktion: Hier liegt der Schwerpunkt auf der Spielfunktion. „Peers (= Alterskameraden) sind sich gegenseitig die liebsten Spielkameraden. Darüber hinaus bietet die symmetrische Interaktion die notwendigen Erfahrungen, um Konzepte von Gleichheit und Gerechtigkeit zu entwickeln und ‚social skills' im Umgang mit Statusgleichen zu erwerben." (S. 94) Ein wichtiges Projektergebnis war daher die Empfehlung, nicht weniger als vier 2-Jährige aufzunehmen, damit sie sich als Gruppe erleben und auch von außen so wahrgenommen werden können. Ein anschaulicher Vergleich zur Bedeutung ranggleicher Fähigkeit stammt von der Psychologin Anne Heck (mündlicher Vortrag): „Man kann sich das so vorstellen, als ob wir in einem Tanzkurs auf jemanden treffen, der genau gleich gut ist. Das ist ein gutes Gefühl, man kommt ins Gespräch, in Kontakt und wiederholt die gemeinsame Erfahrung gern." (Das Tanzbeispiel auf den altersheterogenen Kontakt angewandt: Wenn wir im Tanzkurs auf erfahrenere Tänzer stoßen, können wir uns bei ihnen die Schritte abgucken. Und die Erfahreneren lernen auch etwas daraus, wenn sie uns das schon Gelernte noch einmal zeigen: Sie praktizieren, differenzieren und festigen ihr Können.)

Konsequenz für den Kindergarten:

Es ist unsere Aufgabe, dafür zu sorgen, dass alle Kinder beide Arten von Beziehungen erleben und gestalten lernen können. Der Gruppenbaum ist ein wichtiges Instrument zur Diagnose und Steuerung einer dies unterstützenden Gruppenstruktur und Grundlage für neue Lösungen.

6.3 Sind Kleinstkinder zu sozialen Kontakten untereinander unfähig oder gar durch sie überfordert?

Untersuchungsergebnisse zur Entwicklung von Sozialbeziehungen im Kleinstkindalter – Zusammenfassung

Kornelia Schneider

1. Kleinstkinder sind keinesfalls nur auf sich selbst bezogen im Umgang mit Spielmaterial und gleichaltrigen Kindern. Im Gegenteil: Mindestens ab der zweiten Hälfte des 1. Lebensjahres zeigen sie deutliches soziales Interesse aneinander, wenn sie die Möglichkeit zu Kontakten haben.

Etwa im 6. Monat beginnen sie, sich konzentriert zu beobachten, gegenseitig anzulächeln, einander zu betasten und Laute des Vergnügens von sich zu geben, wenn sie einander wahrnehmen. Sie suchen aktiv Kontakt zueinander und bewegen sich aufeinander zu.

Dabei nimmt die Häufigkeit, die Dauer sowie die Vielfalt und Dichte sozialer Interaktionen mit zunehmendem Alter – vor allem im Zusammenhang mit zunehmender Bewegungsfähigkeit – zu.

Beim Umgang mit Spielgegenständen treten noch im ersten Lebensjahr einfache Austauschprozesse und erste Nachahmungsversuche auf. Im Alter von einem Jahr gehören gezielte Kontaktversuche über das Anbieten von Gegenständen zum festen Verhaltensrepertoire.

Im Laufe des zweiten Lebensjahres gewinnen die Kontakte mit Gleichaltrigen immer mehr Bedeutung. In Kindergruppen, die regelmäß (täglich) zusammenkommen, nehmen die Kontakte mit anderen Kindern in dieser Zeit sprunghaft zu, und es zeichnen sich bereits Anfänge von Gruppenstrukturen und Ansätze kooperativen Spiels bei den Interaktionen mit Gleichaltrigen ab. Parallel dazu verringern sich Alleinspiel sowie die Kontakte mit den erwachsenen Bezugspersonen.

2. Die Erfahrung im Umgang mit anderen Kindern, der Bekanntheitsgrad unter den Kindern und die Vertrautheit der Situation bzw. die Kontinuität der Begegnungen spielen eine große Rolle bei der Entwicklung der Sozialbeziehungen zwischen Kindern im Säuglings- und Kleinstkindalter.

Kinder, die sich schon kennen, nehmen häufiger, intensivere und komplexere Beziehungen untereinander auf; Kinder, die schon frühzeitig und regelmäßig mit anderen zusammenkommen, haben dabei einen Vorsprung vor den anderen Kindern gleichen Alters. Das macht sich bereits im Alter von einem Jahr deutlich bemerkbar, wie ein Kontrollgruppenvergleich zwischen neun Monate alten Babys, die sich zehnmal trafen, und Gleichaltrigen, die sich nur zweimal – einmal zu Beginn und einmal zum Abschluss der Untersuchungsperiode – trafen, zeigt (Psychologie heute 8/77, S. 8).

Untersuchungen, die gezielt dieser Frage nachgegangen sind, lassen den Schluss zu, „dass es sich bei den Lernerfolgen und der sozialen Entwicklung der Babys nicht einfach um Reifeprozesse handelt, die auch ohne Sozialkontakte eingetreten wären" (Psychologie heute 8/77, S. 8) und „dass soziale Interaktionen zwischen Kleinstkindern nicht nur als Ergebnis, sondern auch als Quelle wachsender sozialer Fähigkeiten anzusehen sind" (Reyer 1978, S. 179).

3. **Die Kontakte zwischen Gleichaltrigen sind von Anfang an überwiegend lustbetont, und es gibt keinesfalls mehr Störmomente und Konflikte als befriedigende Erlebnisse, wenn Kinder im Säuglings- und Kleinstkindalter miteinander in Kontakt kommen.**

„Ganz abgesehen davon, wie bestimmte Interaktionsformen von einzelnen Autoren interpretiert werden, die Mehrzahl der Untersuchungsergebnisse der verschiedenen Studien zeigt, dass bei aller Unterschiedlichkeit der Beobachtungskategorien die als positiv interpretierten Verhaltensweisen überwiegen." (Reyer 1978, S. 177)

„Die vorliegenden Ergebnisse lassen nicht den Schluss zu, dass negative und aggressive Verhaltensweisen bzw. solche, die so interpretiert werden, vorherrschen." (Reyer 1978, S. 178)

Verschiedene Forschungsergebnisse weisen zwar darauf hin, dass im zweiten Lebensjahr, in dem die Häfigkeit der Sozialkontakte insgesamt anwächst, auch negativ ausgerichtete soziale Verhaltensweise zunehmen, jedoch nicht so viel, dass sie die Zahl der positiven Sozialkontakte übertreffen.

Diese hier zusammengefassten Erkenntnisse können als gesichert gelten, obwohl – oder gerade weil – sie auf ganz unterschiedlich angelegten Untersuchungen beruhen, deren Bedingungen kaum miteinander vergleichbar sind.

Alle möglichen Konstellationen von Zusammensein und Zusammenkünften, von vertrauten und unbekannten Paar- und Gruppensituationen wurden im letzten Jahrzehnt erforscht. Alle haben zu ähnlichen Ergebnissen geführt: Kinder haben im Allgemeinen von frühestem Alter an großes Interese einander näherzukommen und etwas zusammen zu machen.

Kornelia Schneider,
Dipl. Päd., Deutsches Jugendinstitut
München

Teil 6

Teil 7 Bildung

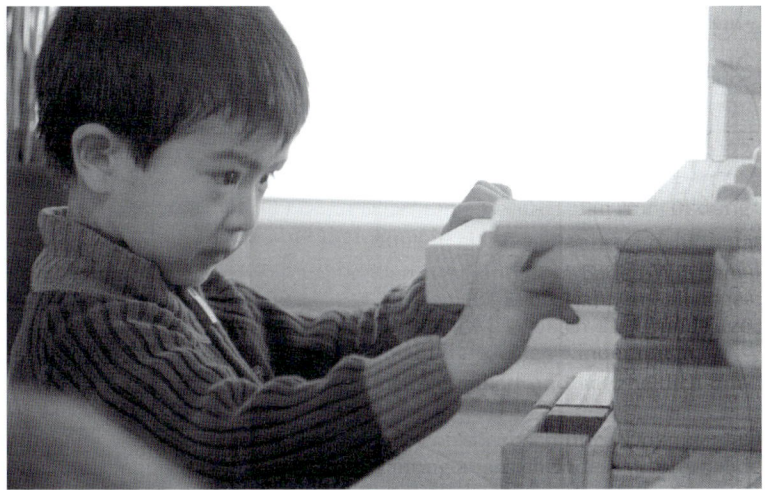

7.1 Ohne Bindung keine Bildung oder: „Das unsichere Kind forscht nicht." (Malaguzzi)

Eine Annäherung an einen Aspekt frühkindlicher Bildung

Im Wort „Bildung" steckt das Wort „Bild". Bild – Bild-ung, Bild – Bild-ung: Lässt man sich die zwei Worte Bild ein paar Mal hintereinander auf der Zunge zergehen (zum Vergleich: ähnlich ist es mit Form/Form*ung* oder Gestalt/Gestalt*ung*), spürt man einen Unterschied:

„Bild" klingt statisch, fest, wie etwas Vollendetes, Bild-*ung*" dagegen durch die Nachsilbe „-ung": prozesshaft unabgeschlossen. In der Tat ist Bildung ein Prozess, der lange andauert und solange der Mensch geistig gesund bleibt, im Leben nie aufhört, nämlich: sich ein Bild von der Welt und von sich selber machen.

Sich ein Bild machen kann von Anfang an nur das Kind selber, niemand kann ihm das abnehmen oder an seiner Stelle bewerkstelligen. Bildung ist demnach eine eigenständige Leistung des Kindes. Erwachsene und andere Kinder sind dabei seine Partner, mit denen es sein Bild von Dingen, Abläufen, Zusammenhängen, Beziehungen und von der eigenen Person immer wieder austauschen und dadurch weiterentwickeln kann.

Bildung als funktionierender eigenständiger Prozess des Kindes setzt also gute soziale und gute dialogische Beziehungen voraus. Wir Erwachsenen kennen das auch: Beispielsweise unter fremden Menschen, in unbekannter Umgebung werden wir weniger gern fragen und diskutieren, können wir weniger gut denken als mit vertrauten Personen in geklärten Verhältnissen.

Dieser Zusammenhang zwischen Bildung und Beziehungen ist vor allem am Anfang der Bildungsentwicklung von grundlegender Bedeutung. Das kleine Kind erlebt vieles als fremd, es steht noch unsicher in der Welt. Um in sie vorzudringen, sie erforschen und sich ein immer vielfältigeres Bild von ihr machen zu können, braucht es Rückhalt und Sicherheit durch Vertrautheit. Diese entsteht aber erst allmählich durch gute verlässliche Erfahrungen mit den Personen in seiner direkten Umgebung. Das sind in der Regel zunächst die Eltern. Beim Eintritt in den Kindergarten sind die Erzieherinnen vorerst noch fremde Personen. Daraus ergibt sich:

Bildung setzt Bindung voraus

„Mit einem Kind freundlich umzugehen, reicht nicht aus. Damit sich das Kind wohl und geborgen fühlt, müssen ihm die Personen, die es betreuen, **vertraut sein**. Eine Vertrauensbeziehung aufzubauen und zu erhalten, **braucht Zeit**. (…) Je jünger ein Kind ist, desto mehr Zeit benötigt es, um eine Bindung einzugehen …" (Remo Largo 2000)

Ein gut gestalteter Eingewöhnungsprozess beinhaltet als wesentlichstes Element gerade diesen behutsamen, von den Eltern unterstützten langsamen Aufbau einer weiteren Bindung zu einer Erzieherin, die sich dem einzelnen Kind feinfühlig dafür anbietet und dabei auf seine individuellen Bedürfnisse und sein Tempo eingeht.

„Eine allmähliche Veränderung erlaubt es einer Person, sich **aktiv** mit der neuen Situation auseinanderzusetzen. Abrupte plötzliche Veränderungen versetzen den Betroffenen in eine passive und hilflose Position." (K. Beller 2002)

Ein Kind, das sich ausgeliefert fühlt, kann nicht forschen und erkunden, es ist nur damit beschäftigt, Sicherheit zu gewinnen.

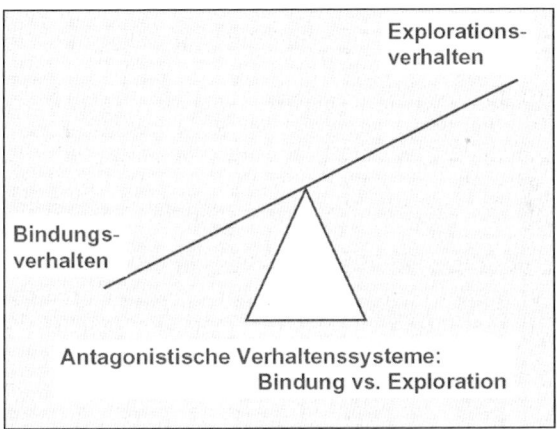

Das Bild von der Wippe zeigt anschaulich den Zusammenhang von Bildung und Bindung: Solange das Bindungsverhalten des Kindes aktiv ist, d. h., solange es nach einer vertrauten Bindungsperson sucht, ruft oder weint, hängt das Erkundungsverhalten sozusagen in der Luft. Erst wenn Bindungssicherheit besteht, kann das Kind sein Erkundungsverhalten „landen" lassen und in Ruhe und Sicherheit die Welt erforschen.

Fazit:

Die primäre Unterstützung früher Bildungsprozesse, die Erzieherinnen Kindern unter 3 Jahren (und übrigens auch Kindern über 3!) geben können und müssen, ist der Aufbau einer sicheren Bindung in der Tageseinrichtung durch einen gut gestalteten Eingewöhnungsprozess. Eingewöhnung fördert aber nicht nur Bildung, sondern:

Eingewöhnung ist Bildung!
... und setzt damit den Orientierungsplan Baden-Württemberg um.

Teil 7

Zitat:

„Übergangssituationen erfordern immer die besondere Aufmerksamkeit aller Verantwortlichen, sei es der Übergang von der Familie in den Kindergarten, vom Kindergarten in die Schule ..." „Damit dieser Übergang nicht zum Bruch, sondern zur Brücke wird, ..." – Hier wurde das Ziel benannt, es folgt der Weg zur Umsetzung – „kooperieren Erzieherinnen/Erzieher (...) und Eltern frühzeitig und vertrauensvoll." (S. 54) Obwohl sich der Orientierungsplan erst mit Kindern ab 3 Jahren befasst, gelten diese Sätze nicht nur auch, sondern erst recht für die Bewältigung von Übergangssituationen jüngerer Kinder.

Angesichts vielfältiger neuer Aufgaben könnten Erzieherinnen geneigt sein zu seufzen: Und jetzt kommt auch noch Eingewöhnung und Bildung von Kindern unter 3 hinzu!

Betrachtet man aber den Eingewöhnungsprozess aus der Bildungsperspektive, lässt sich auf diese Befürchtung antworten: Nein, die Eingewöhnung ist neben Qualitätsentwicklung und Bildung keine Zusatzaufgabe, sondern setzt vielmehr diese beiden Anforderungen konsequent um:

– Eingewöhnung nach fachlich gutem Standard ist ein wichtiges Qualitätskriterium und damit im Sinne des Orientierungsplans **ein wichtiges der „Merkmale eines guten Kindergartens"** (vgl. S. 61/62).
– Die **Eingewöhnung selbst ist ein umfassender Bildungsprozess** für das betroffene Kind! Hier ein paar Beispiele: Das Kind in der Eingewöhnung

 – erweitert seinen Aktionsradius, seine räumlichen Erfahrungen und seinen Wahrnehmungshorizont,
 – lernt einen neuen Tagesablauf und damit neue Rhythmen kennen,
 – entwickelt dabei allmählich ein Gefühl für Abfolgen und Zusammenhänge (wenn ... vorbei ist, dann kommt die Mama) als Grundlage für Zeitbegriff und logisches Denken,
 – erlebt den Aufbau einer neuen Bindung und erweitert damit sein „inneres Arbeitsmodell" von menschlichen Beziehungen, somit sein soziales Spektrum,
 – erlebt die neue Bindungsperson als Individuum und erfährt, dass Menschen unterschiedlich handeln, z. B. in alltäglichen Situationen wie Wickeln und Essen,
 – erlebt die anderen Kinder und ihre Reaktionen auf sich wie im Spiegel: aha, so sehen die mich, und erfährt damit mehr über sich selbst,
 – entwickelt sein Sprach- und Ausdrucksvermögen, weil es Bedürfnisse anders kommunizieren muss als zu Hause,
 – erlebt Rituale, Regeln und damit verbundene Orientierung kennen,
 – lernt eine neue soziale Rolle („Kindergartenkind") ...

Eine Kindertageseinrichtung, die verlässlich Eingewöhnung nach fachlichen Standards anbietet, leistet wichtige Bildungsunterstützung und ist in diesem Aspekt ein guter Kindergarten!

Bindung und Betreuung

Im Rahmen der fachlichen Bildungsdiskussion werden die zwei anderen Eckpfeiler des Auftrags der Erzieherin nach SGB VIII, Erziehung und Betreuung, kaum noch thematisiert. Dahingegen wird der Begriff der Betreuung in der öffentlichen Debatte um Angebote für Kinder unter 3 stets an erster Stelle genannt (z. B. Ausbau von Betreuungsplätzen), und zwar oft in der Verbindung mit „fremd", z. B. in der Fragestellung, ob „Fremdbetreuung" Kleinkindern schade.

Dazu ist kurz zu sagen:

Ein sanfter Übergang von Familie in Tageseinrichtung durch gut gestaltete Eingewöhnung schafft Bindung. Danach handelt es sich nicht mehr um „Fremd"betreuung, denn die Personen, die das Kind betreuen, sind ihm dann nicht mehr fremd! „Heimat ist, wo man mich erwartet", sagte der Dichter Max Frisch. Eine Tageseinrichtung mit Eingewöhnungsstandard erwartet Kind und Eltern und baut eine Brücke zum Beziehungsdreieck Kind-Eltern-Erzieherin, in dem das Kind sicher ist.

Betreuung durch vertraute Menschen im Kindergarten wird einem Kind nicht abträglich, sondern förderlich sein – vorausgesetzt, diese haben durch pädagogisch vertretbare Rahmenbedingungen und durch kluge Neuausrichtung der Kooperation im Team den äußeren und inneren Raum, sich auf das Kind einlassen und es in seiner Weltaneignung aufmerksam begleiten zu können.

2-Jährige verändern den Kindergarten. Tun sie es nicht, stimmt die pädagogische Qualität der Betreuung nicht. Dafür gilt: „Unzureichende Qualität fällt nicht in den geschützten Rahmen pädagogischer Freiheit." (W. Tietze)

Tageseinrichtungen, die Bindungsaufbau in einem verlässlichen Eingewöhnungsprozess gewährleisten, „wird auch der schärfste Kritiker nicht als ‚Parkplatz für Kinder' bezeichnen können" (K. Grossmann, Universität Regensburg).

> „Von Geburt an sind Kinder aktive Lerner, die in sozialen Zusammenhängen lernen. Das heißt, dass die Gestaltung von Beziehungen zu einem zentralen pädagogischen Auftrag werden, und diese Gestaltung beginnt mit der Transition von der Familie in die Bildungsinstitution Kindertagesstätte." (Griebel, W./Niesel, R. 2004, S. 40)

Literatur

Beller, E. K.: Eingewöhnung in die Krippe. In: frühe kindheit 2/2002, S. 9–14.

Buchheim, A. (2003): Entwicklung, Bindung und frühe Störungen. Einführung in die medizinische Psychologie, WS 03/04.

Griebel, W./Niesel, R. (2004): Transitionen. Fähigkeit von Kindern in Tageseinrichtungen fördern, Veränderungen erfolgreich zu bewältigen. Weinheim und Basel.

Kercher, A./Höhn, K. (2006): Integration zweijähriger Kinder in den Kindergarten. KiGa 2 Plus – Arbeitshilfe für Leitung und Teams. München: Wolters Kluwer Deutschland.

Largo, R. (2000): Kinderjahre. 5. Auflage München/Zürich.

Lesen Sie zum Thema die ausführlichen Artikel im Ordner „Integration Zweijähriger in Kindergärten", insbesondere

– Kapitel 2, Kennziffer 20.16, 20.16 a:

K. Grossmann: Merkmale einer guten Gruppenbetreuung für Kinder unter 3 Jahren im Sinne der Bindungstheorie und ihre Anwendung auf berufsbegleitende Supervision und

– Kapitel 3, Kennziffer 30.15:

A. Kercher: Fragen des Anfangs: Ohne Bindung keine Bildung.

Teil 8 Weitere Unterstützung auf dem Weg zum KiGa 2 Plus

Teil 8

8.1 Literaturvorschläge für die Praxis und zur Vertiefung

Ahnert, Lieselotte, Hrsg. (1998): Tagesbetreuung für Kinder unter drei Jahren. Theorien und Tatsachen. Bern, Göttingen.

Ahnert, Lieselotte (2004): Frühe Bindung. Entstehung und Entwicklung. München: Reinhardt.

Allwörden von, Margret/Wiese, Marie (2005): Vorbereitete Umgebung für Babys und kleine Kinder: Handbuch für Familien, Krippen und Krabbelstuben. Zweite bearbeitete Auflage Berlin: Pikler Gesellschaft

Beek, Angelika von der (2006): Bildungsräume für Kinder von Null bis Drei. Weimar, Berlin 2006.

Beek, Angelika von der, Antje Steudel, Gerd E. Schäfer (2006): Bildung im Elementarbereich – Wirklichkeit und Fantasie. Ergebnisse eines Modellprojektes. Weimar, Berlin: Verlag Das Netz.

Beek, Angelika von der/Buck, Matthias/Rufenach, Annelie (2007): Kinderräume bilden. Ein Ideenbuch für Raumgestaltung in Kitas. Berlin: Cornelsen Verlag Scriptor; Beltz.

Beek, Angelika von der (2007): Pampers, Pinsel und Pigmente. Ästhetische Bildung von Kindern unter drei Jahren. Weimar, Berlin: Verlag Das Netz.

Bertelsmann-Stiftung (2006), Staatsinstitut für Frühpädagogik: Wach, neugierig, klug – Kinder unter 3. Ein Medienpaket für Kitas, Tagespflege und Spielgruppen.

Biermann, Ingrid (2007): Kleinkinder entdecken ihre Umgebung. Ideen für Krippe, Kita und Tagesmütter. Freiburg i. B.: Verlag Herder.

Biermann, Ingrid (2007): Musikalische Förderung für Kleinkinder. Ideen für Krippe, Kita und Tagesmütter. Freiburg i. B.: Verlag Herder.

Biermann, Ingrid (2007): Spiele zur Wahrnehmungsförderung. 12. Aufl. Freiburg i. B.: Verlag Herder.

Gehirn & Geist (2007): Serie Kindesentwicklung 1: Babys verstehen und fördern. Neues psychologisches Wissen zu Schwangerschaft und Säuglingszeit. Im Zeitschriftenhandel erhältlich.
Anm.: Kindesentwicklung 2: Das Kleinkindalter erscheint am 18.7.2008

Gottstein, Ingrid (2000): Ram sam sam und Pimpelchen. Spielen, Singen und Gestalten mit Kleinkindern. Weinheim und Basel: Beltz.

Griebel, Wilfried/Niesel, Renate (2004): Transitionen. Fähigkeit von Kindern in Tageseinrichtungen fördern, Veränderungen erfolgreich zu bewältigen. Weinheim und Basel.

Haug-Schnabel, Gabriele, Bensel, Joachim (2006): Kinder unter 3 – Bildung, Erziehung und Betreuung von Kleinstkindern. Kindergarten heute spezial.

Herschkovitz, N., Chapman-Herschkovitz, E. (2004): Klug, neugierig und fit für die Welt. Gehirn- und Persönlichkeitsentwicklung in den ersten sechs Lebensjahren. Freiburg i. B.: Herder Spektrum.

Kasten, Hartmut (2004): 0–3 Jahre. Entwicklungspsychologische Grundlagen. Weinheim und Basel.

Kercher, Angelika, Höhn, Kariane (2006): Integration Zweijähriger in Kindergärten. KiGa 2 Plus – Arbeitshilfe für Leitung und Teams. Kronach: Carl Link. Ordner mit Loseblattsammlung, CD-ROM, Ergänzungslieferungen. *bestellservice@carllink.de*

Kercher, Angelika, Höhn, Kariane (2008): KiGa 2 Plus – Zweijährige im Kindergarten. Konzeptionelle und betriebliche Aspekte für Teams und Träger. Kronach: Carl Link (broschierte Kurzfassung des o. g. Ordners für Baden-Württemberg).

Klein, L., Vogt, H. (1995): Leben in der Familiengruppe. Freiburg i. B.

Laewen, Hans-Joachim, Andres, Beate, Hédervári, Éva (2006): Die ersten Tage – ein Modell zur Eingewöhnung in Krippe und Tagespflege. Berlin: Cornelsen Scriptor.

Laewen, Hans-Joachim, Andres, Beate, Hédervári, Éva (2006): Ohne Eltern geht es nicht. Die Eingewöhnung von Kindern in Krippen und Tagespflegestellen. Berlin: Cornelsen Scriptor.

Petersen, Gisela (1989): Kinder unter 3 in Tageseinrichtungen. Köln.

Pikler, Emmi, Tardos, Anna (1992): Miteinander vertraut werden. Erfahrungen und Gedanken zur Pflege von Säuglingen und Kleinkindern. Freiburg i. B.: Herder Spektrum.

Pikler, Emmi (2001): Lasst mir Zeit. Die selbstständige Bewegungsentwicklung des Kindes bis zum freien Gehen. Zusammengestellt und überarbeitet von Anna Tardos. München: Pflaum.

Schneider, Kornelia (2003): Krippenbilder. Gruppen-Erfahrungs-Spielräume für Säuglinge und Kleinkinder. 2. Auflage Berlin.

Stadt Reutlingen Sozialamt: Standards zur individuellen Eingewöhnung von Kindern in Tageseinrichtungen der Stadt Reutlingen. Sozialamt – Tagesbetreuung für Kinder 2006.

Tietze, Wolfgang (Hrsg.) (2008): Qualitätssicherung in der Früherziehung. Internationale Ansätze. Leverkusen: Budrich

Tietze, Wolfgang u. a. (2006): Krippen-Skala (KRIPS-R). Feststellung und Unterstützung pädagogischer Qualität in Krippen.

Weber, Christine (Hrsg.): Spielen und Lernen mit 0- bis 3–Jährigen. Weinheim und Basel 2004.

Wilmes-Mielenhausen, Brigitte (2007): Kleinkinder in ihrer Kreativität fördern. Ideen für Krippe, Kita und Tagesmütter. Freiburg i. B.: Verlag Herder.

Wilmes-Mielenhausen, Brigitte (2007): Sprachförderung für Kleinkinder. Ideen für Krippe, Kita und Tagesmütter. Freiburg i. B.: Verlag Herder

Winner, Anna (2007): Kleinkinder ergreifen das Wort. Sprachförderung mit Kindern von 0 bis 4 Jahren. Berlin: Cornelsen Scriptor

VHS, DVD:

Die ersten Tage in der Krippe. Beispiele für eine kürzere und eine längere Eingewöhnungszeit. Infans-Video.

Der positive Blick aufs Kind. Berlin: Dohrmann-Verlag. (darin Eingewöhnung mit 2-jährigem Mädchen in das Kinderhaus Schillerstr. Berlin, Early-Excellence-Einrichtung).

Im Frühlicht. Die ersten drei Lebensjahre als Bildungszeit. VHS oder DVD, 52 Min., Frankfurt/Main 2005. Bestelladresse: Donata Elschenbroich, E-Mail: *donata.elschenbroich@t-online.de*

„KINDER!" von Reinhard Kahl. Ein Film über das Lerngenie der Kinder DVD. Bestellungen an: *bestellungen@archiv-der-zukunft.de*

Artikel zum Beispiel:

Beller, E. Kuno: Eingewöhnung in die Krippe. In: frühe kindheit 2/2002, S. 9–14.

Bertelsmann Stiftung: Qualität für Kinder unter DREI in Kitas. Empfehlungen an Politik, Träger und Einrichtungen. *www.kinder-frueher-foerdern.de*

Bertelsmann Stiftung: Checkliste für Eltern: Kinder unter DREI in Kitas. *www.kinder-frueher-foerdern.de*

Effe, Bärbel/Schatz, Jennifer: Klecksen, riechen, tasten, sehen. Eine Kunstwerkstatt mit Kleinkindern. In: Kindergarten heute 4/2005, S. 15–19.

Frey, Claudia/Wünsche, Michael: Konstrukteure von Brücken und Landebahnen. Die Kita als Lernfeld für Übergänge. In: KiTa aktuell BW, 4/2006, S. 80–83.

Grossmann, Klaus E./Grossmann, Karin: Die Bedeutung der ersten Lebensjahre für die Persönlichkeitsentwicklung. Ergebnisse der Bindungsforschung. In: frühe kindheit 4/2001, S. 30–38.

Haug-Schnabel, Gabriele/Bensel, Joachim: Zweijährige im Kindergarten. In: KiTa aktuell BW, 5/2005, S. 105–108.

Meiser, Ute: Kinder in Übergängen stärken. Transitionen als Chance wahrnehmen. In: Kindergarten heute 10/2002, S. 6–14.

Nuber, Usula: Der lange Schatten der Kindheit. In: Psychologie heute, Januar 2005, S. 20–27.

Scheffler, Angelika: Krippenkinder aufnehmen (4). Praktische Überlegungen zur Krippenbetreuung. In: Kindergarten heute 5/2003, S. 26–33.

8.2 Weitere Tipps und nützliche Adressen

Hier können Sie in Baden-Württemberg und darüber hinaus Informationen zur Ausgestaltung der Kleinkindpädagogik und -betreuung erhalten.[Fn.1]

Dach- und Wohlfahrtsverbände geben Fachinformationen und bieten Fortbildungen für ihre Mitglieder und Interessierte heraus:

Der PARITÄTISCHE LV
Baden-Würtemberg e. V.
Haußmannstraße 6
70188 Stuttgart
Tel.: 0711 2155-0
Fax: 0711 2155-215
Website: *www.paritaet-bw.de*

Evang. Landesverband –
Tageseinrichtungen für Kinder Württemberg e. V.
Heilbronner Straße 180
70191 Stuttgart
Website: *www.beta-diakonie.de*

Landesverband katholischer Kindertagesstätten
Diözese Rottenburg Stuttgart e. V.
Landhausstr. 170
70181 Stuttgart
Website: *www.lvkita.de*

Die Verbandszeitung „tacheles" kann bezogen werden.

Caritasverband für die Erzdiözese Freiburg
Referat Tageseinrichtungen für Kinder
Website: *www.dicvfreiburg.caritas.de*
Website: *www.ktk.caritas.de*

Die Verbandszeitung „in form" kann digital bezogen werden.

---

1. Ohne Anspruch auf Vollständigkeit.

Teil 8

**Landesarbeitsgemeinschaft für Elterninitiativen
in Baden-Württemberg e. V.**
Moltkestraße 4
72810 Gomaringen
Amtsgericht Tübingen VR 1632
Vorstand: Manuela Heffner, Ellen Noetzel, Diana Riediger,
Angela Steinhauser
E-Mail: *lage-bawue@freenet.de*
Website: *www.lage-bawue.net*

Und auch hier finden Sie gute Hinweise:

Deutsche Liga für das Kind
Charlottenstraße 65
10117 Berlin
Tel.: 030 28599970
E-Mail: *post@liga-kind.de*
Website: *www.liga-kind.de*

Wir empfehlen die Fachzeitschrift „frühe Kindheit, die ersten sechs Jahre"
und den Online-Rundbrief.

www.familienhandbuch.de

Aus der Einleitung des Handbuchs:
*Sehr geehrte Erzieher(innen), Lehrer(innen) und Familienbildner(innen), Ihnen
wollen wir Informationen bieten, die Sie für die Elternarbeit und Elternbildung
benötigen. Daneben enthält die Rubrik „Familienbildung" Texte speziell für Sie.
Auch Sie sind herzlich eingeladen, sich an der Ausgestaltung des Familienhand-
buches zu beteiligen – mit **Hinweisen** auf fehlende Themen oder mit **eigenen Tex-
ten**.*

Darüber hinaus:

Wege zu einer vorurteilbewussten Kleinkindpädagogik
www.kinderwelten.de

und zur frühen Förderung
www.bildungsserver.de

und die Materialien der Bertelsmann-Stiftung
www.kinder-frueher-foerdern.de

**Schritt für Schritt in die Zukunft –
2-Jährige im Kindergarten**

Teil 8

Stichwortverzeichnis

Stichwortverzeichnis

Stichwortverzeichnis

U

V

Bildnachweis

Bildnachweis

Kercher/Höhn, KiGa 2 Plus – Zweijährige im Kindergarten

Eigene Notizen

Eigene Notizen

Eigene Notizen

Eigene Notizen